Insider-Dossier

Standardfragen und -themen in der mündlichen Prüfung im 2. Examen

Insider-Dossier

Standardfragen und -themen in der mündlichen Prüfung im 2. Examen

von

Dr. Michael Berkemeyer

http://www.protokolle-assessorexamen.de

ReferendarFachVerlag 2016

http://www.protokolle-assessorexamen.de

Wiltrudstr. 18
49377 Vechta

ISBN 978-3-946823-00-1

Vorwort

Unser Ziel ist es, Dich bei der Vorbereitung auf Deine mündliche Prüfung bestmöglich zu unterstützen!

Hierzu stellen wir Dir als Spezialist für die mündliche Prüfung im 2. Staatsexamen unter www.protokolle-assessorexamen.de zum einen aktuelle Protokolle Deiner Prüfer zum Download bereit. Dies spart Dir bereits eine Menge Geld, da andere kommerzielle Anbieter für dieselbe Leistung zum Teil bis zu 80 Euro – zzgl. einer vorab zu leistenden Kaution – verlangen.

Zum anderen zeigt die Auswertung von inzwischen mehr als 10.000 bei uns eingereichten Protokollen, dass die allermeisten Prüfer in der mündlichen Prüfung absolute Standards abfragen, die sich immer und immer wiederholen. Es ist grob fahrlässig, sich im Vorfeld nicht mit diesen Themen intensiv zu beschäftigen und insofern unvorbereitet in die mündliche Prüfung zu gehen.

Manche Rechtsgebiete eignen sich einfach gut für die Prüfung im mündlichen Examen. Dazu zählt beispielsweise der einstweilige Rechtsschutz in der Ö-Rechts-Prüfung genauso wie der Instanzenzug in der Strafrechtsprüfung. Anknüpfungspunkt für die Fragen sind zwar stets entweder ein aktuelles Urteil oder ein vom Prüfer gebildeter Fall. Im Rahmen der mündlichen Prüfung werden dann aber diese Standardfragen – losgelöst vom Fall – abgearbeitet.

Wir haben Dir im Folgenden das Ergebnis unserer Auswertung dargestellt. Zu jeder Standardfrage und jedem häufig vorkommenden Thema findest Du zunächst rechtliche Ausführungen. Anschließend zeigen wir Dir anhand von Original-Zitaten aus Prüfungen, wie genau dieses Thema in mündlichen Prüfungen geprüft wurde. Zudem haben wir Dir anhand von Sternen kenntlich gemacht, wie häufig wir auf das jeweilige Standardthema im Rahmen unserer Auswertung der Protokolle gestoßen sind.

Referendare, die die Protokolle zu ihren Prüfern auf unserer Seite bestellen, haben darüber hinaus nach dem Einloggen die Möglichkeit, das Insider-Dossier „Aktuelle Rechtsprechung in der mündlichen Prüfung im 2. Examen" als Ebook herunterzuladen. In diesem Buch findest Du das Ergebnis unserer Auswertung aller vor kurzem eingereichten Protokolle, welche aktuellen Urteile/Beschlüsse und rechtspolitischen Themen derzeit vermehrt von Prüfern abgefragt werden. Da dieses Buch ständig aktualisiert wird, ist es nicht als Printversion im Buchhandel, sondern nur als Ebook auf unserer Seite erhältlich.

Das Insider-Dossier haben wir mit großer Sorgfalt erstellt. Solltest Du dennoch einen Fehler entdecken, sende uns bitte einfach einen Hinweis an fehlerteufel@protokolle-assessorexamen.de. Positives Feedback wie auch kritische Anmerkungen kannst Du uns ebenfalls gerne per E-Mail an feedback@protokolle-assessorexamen.de zukommen lassen.

Wir wünschen Dir für Deine anstehende mündliche Prüfung viel Erfolg!

Vechta, im September 2016

Inhaltsverzeichnis

★★★★★

Allgemein

Thema

Aktuelle Verfahren vor den obersten Gerichten

Bemerkungen

Es ist erstaunlich, wie häufig die Prüfung mit einer Frage nach aktuell laufenden Verfahren oder aktuell ergangenen Entscheidungen der obersten Gerichte beginnt. Natürlich kann einen Prüfling diese Frage in allen drei Rechtsgebieten treffen. Gerade wenn eine solche Frage den Einstieg in eine Prüfung bildet, sollte man unbedingt eine Antwort parat haben; alles andere ist ein wirklich schlechter Start in die Prüfung.

Aus diesem Grund muss man sich unbedingt kurz vor dem Termin der mündlichen Prüfung einen Überblick der derzeit laufenden Verfahren – insbesondere vor dem BGH, dem BVerwG und auch dem BVerfG – verschaffen. Am besten nimmt man sich hierfür eine Stunde Zeit und schreibt sich für alle drei Rechtsgebiete eine Liste aktueller Verfahren bzw. Entscheidungen.

Hinweise auf solche interessanten Verfahren und Entscheidungen kann man zum einen der Tagespresse entnehmen. Zum anderen sollte man sich die Pressemitteilungen der obersten Gerichte durchlesen. Dort werden nicht nur gerade gesprochene Urteile und Beschlüsse vorab bekannt gegeben, bevor die abgefasste Entscheidung überhaupt veröffentlicht ist. Vielmehr wird auch auf die Terminierungen der nächsten Tage beim jeweiligen Gericht hingewiesen. Aus diesen Mitteilungen kann man sich einen guten Überblick über die derzeit laufenden Verhandlungen verschaffen.

Auch auf unserer Seite veröffentlichen wir unter dem Menüpunkt „Rechtsprechung" tagesaktuell die Pressemitteilungen von BGH und BVerwG. Selbstverständlich sind diese auch auf den jeweiligen Internetseiten der Gerichte abrufbar.

Schließlich findest Du im Kapitel 3 dieses Skripts eine Auflistung und Besprechung aktueller rechtspolitischer Themen und aktueller Urteile, die von Prüfern in ganz Deutschland zum Gegenstand ihrer mündlichen Prüfungen gemacht werden. Um diese examensrelevanten Urteile, Beschlüsse und rechtspolitische Themen herauszufiltern, werten wir jede Woche alle bei uns eingereichten Protokolle diesbezüglich aus.

Auszüge aus den Prüfungsprotokollen

» Erste Frage: Was passiert denn heute in Karlsruhe? Er wollte wissen, dass das BVerfG an dem Prüfungstag eine mündliche Verhandlung zur Beamtenbesoldung durchführte (wusste leider keiner).

Zweite Frage: Was war denn Vergleichbares in NRW vor Kurzem? Verfassungsgerichtshof NRW (auch Beamtenbesoldung).

» Herr XXX prüft gerne aktuelle Themen. Er fing bei uns mit der Einstiegsfrage an, was denn momentan in Karlsruhe verhandelt würde. Einen Tag vor unserer Prüfung wurde vor dem Bundesverfassungsgericht die Verfassungsbeschwerde zum Atomausstieg verhandelt – man sollte also unbedingt die FAZ oder eine andere überregionale Tageszeitung in den Wochen vor der Prüfung lesen und sich sonst über aktuelle Verfahren vor allem vor dem Bundesverfassungsgericht informieren.

★★★★★

Allgemein

Thema

Die ersten Arbeitsschritte als Richter, Staatsanwalt oder Rechtsanwalt

Bemerkungen

Schon etwas überraschend war es für uns festzustellen, wie häufig Prüfer danach fragen, was zu tun ist, wenn man als Richter, Staatsanwalt oder Rechtsanwalt eine neue Akte / ein neues Mandat erhält. Die Frage nach den nächsten Arbeitsschritten ist sicherlich eine der häufigsten im Rahmen von mündlichen Prüfungen gestellten Fragen!

Für den Prüfer hat es natürlich Vorteile, diese Frage in den Raum zu stellen: Zunächst einmal muss der Prüfer für dieses Thema in einer mündlichen Prüfung nichts vorbereiten. Vielmehr sind es Arbeitsschritte, die dieser als Praktiker jeden Tag aufs Neue durchführt. Gerade aus diesem Grunde reagieren die Prüfer „allergisch“, wenn der Prüfling auf eine solche Frage nicht eine passende – und richtige – Antwort parat hat. Für den Prüfer ist es absolut unverständlich, wenn der geprüfte Kandidat nicht weiß, wie mit einer Akte in der Praxis umzugehen ist.

Für die geprüften Referendare birgt die Frage nach den nächsten Arbeitsschritten eine große Gefahr, der Prüfungskommission gleich negativ aufzufallen. Dies gilt umso mehr, als Referendare nun mal noch nicht als Richter, Staatsanwalt oder Rechtsanwalt gearbeitet haben und sich auch die Arbeit in den Stationen oftmals auf die Bearbeitung der in den Akten enthaltenen Rechtsfragen oder in der Ausarbeitung eines Entscheidungsentwurfs beschränkt hat. Bekanntermaßen wird den Referendaren insbesondere in der Anwaltsstation häufig nichts über die Kanzleiorganisation oder über den Umgang mit (neuen) Mandanten beigebracht.

Im Folgenden stellen wir die ersten Arbeitsschritte vor, die ein Richter, Staatsanwalt bzw. Rechtsanwalt unternimmt, wenn er eine neue Akte auf den Tisch bekommt bzw. ein Mandant die Kanzlei betritt.

Richter in Zivilsachen

Geht eine neue Klage beim Amts- oder Landgericht ein, erhält diese zunächst einen Posteingangsstempel. Anschließend wird der Schriftsatz der Geschäftsstelle der zuständigen Kammer oder Abteilung weitergeleitet. Welche Kammer oder Abteilung zuständig ist, ergibt sich eindeutig aus dem Geschäftsverteilungsplan des jeweiligen Gerichts; nur so ist der sich aus *Art. 101 GG* ergebende Anspruch auf den gesetzlichen Richter gewahrt.

Ist der zuständige Richter gefunden, überprüft dieser zunächst, ob der erforderliche Gerichtskostenvorschuss nach *§ 12 GKG* eingezahlt worden ist. Nur wenn dies der Fall ist, wird der Richter verfahrensleitende Verfügungen erlassen.

§ 12 Abs. 1 GKG lautet auszugsweise:

„In bürgerlichen Rechtsstreitigkeiten soll die Klage erst nach Zahlung der Gebühr für das Verfahren im Allgemeinen zugestellt werden. Wird der Klageantrag erweitert, soll vor Zahlung der Gebühr für das Verfahren im Allgemeinen keine gerichtliche Handlung vorgenommen werden; dies gilt auch in der Rechtsmittelinstanz."

Im nächsten Schritt entscheidet der Richter darüber, ob er einen frühen ersten Termin nach *§ 275 ZPO* oder aber ein schriftliches Vorverfahren nach *§ 276 ZPO* anordnet. Die Anordnung eines frühen ersten Termins eignet sich vor allem bei einfach gelagerten Sachverhalten. Außerdem bietet sich ein solcher in Fällen an, die vom Tatsächlichen her verworren sind und durch die Parteien erläutert werden können, bzw. in Fällen, in denen die Chance auf eine frühe Beilegung des Streits besteht (zB Nachbarschaftsstreitigkeiten).

In der Praxis ist die Anordnung des schriftlichen Vorverfahrens sicherlich die Regel. Oftmals sind zunächst vorbereitende rechtliche und tatsächliche Ausführungen beider Parteien notwendig, bevor die mündliche Verhandlung – ggf. mit gleichzeitiger Ladung von Zeugen – Sinn macht.

Sowohl die Verfügung als auch die Klage selbst werden schließlich dem Klagegegner zugestellt.

Richter in Strafsachen

Nach Abschluss der Ermittlungen der Staatsanwaltschaft erhält der Strafrichter die Anklageschrift samt Akten im sogenannten Zwischenverfahren. Der Richter prüft die Anklage und entscheidet darüber, ob weitere Ermittlungen notwendig sind oder ob das Hauptverfahren eröffnet wird.

Im letzteren Fall wird dem Angeklagten der Eröffnungsbeschluss zugestellt. Je nach Sachverhalt hat der Richter darüber hinaus über folgende Punkte zu entscheiden:

- Prüfung der Haftfortdauer
- Bestellung eines Pflichtverteidigers
- Ladung von Beteiligten, Zeugen und Dolmetscher

Wird man als Strafrichter nicht im Rahmen des Zwischenverfahrens, sondern im Ermittlungsverfahren tätig, besteht die Aufgabe darin, die Rechtmäßigkeit geplanter Ermittlungen durch die Staatsanwaltschaft zu prüfen und ggf. entsprechende Beschlüsse zu erlassen.

Staatsanwalt

Erhält der Staatsanwalt Kenntnis von einer Straftat (in der Regel durch eine Anzeige), prüft er, ob ein Anfangsverdacht vorliegt und staatsanwaltliche Ermittlungen aufgenommen werden. Bejaht der Staatsanwalt einen Anfangsverdacht, wird er den Sachverhalt weiter aufklären und zB Zeugen vernehmen lassen. Dazu wird die Akte der Polizei zugesandt und diese mit den verfügten Ermittlungen beauftragt.

Regt die Polizei aufgrund ihrer Erkenntnisse konkrete Ermittlungen wie zB eine Durchsuchung an, prüft der Staatsanwalt die Zulässigkeit der Ermittlungen und beantragt ggf. entsprechende Beschlüsse beim Ermittlungsrichter.

Nach abgeschlossener Sachverhaltsaufklärung wird eine Entscheidung über den Abschluss des Ermittlungsverfahrens getroffen (Anklage, Strafbefehl, Einstellung).

Rechtsanwalt

Betritt ein neuer Mandant die Kanzlei, muss man als Rechtsanwalt zunächst eine „Kollisionsprüfung" durchführen. Dazu ist in Erfahrung zu bringen, wer Gegner im Verfahren sein wird, und ob dieser Gegner bereits Mandant des Rechtsanwalts ist. Verläuft die Kollisionsprüfung positiv, darf er das Mandat bereits aus berufsrechtlichen Gründen nicht annehmen.

Die einschlägigen Normen zur „Kollisionsprüfung" lauten:

§ 43a Abs. 4 BRAO: „Der Rechtsanwalt darf keine widerstreitenden Interesse vertreten."

§ 3 Abs. 1 BORA: „Der Rechtsanwalt darf nicht tätig werden, wenn er eine andere Partei in derselben Rechtssache im widerstreitenden Interesse bereits beraten oder vertreten hat oder mit dieser Rechtssache in sonstiger Weise [...] beruflich befasst war."

Im zweiten Schritt lässt sich der Rechtsanwalt vom Mandanten darüber informieren, um was es in der Sache geht. Hat sich der Rechtsanwalt einen ersten Überblick über den Sachverhalt verschafft, muss mit dem möglichen Mandanten über die voraussichtlichen Kosten und die Anwaltsvergütung gesprochen werden. Je nach Fall sind Aspekte wie Beratungs- bzw. Prozesskostenhilfe anzusprechen oder aber mit dem Mandanten eine Vergütungsvereinbarung abzuschließen. Auch ist zu prüfen, ob möglicherweise eine Rechtsschutzversicherung existiert, welche die Kosten des Rechtsstreits übernehmen könnte.

Ergänzender Hinweis:

Sofern die Kosten über eine Rechtsschutzversicherung reguliert werden sollen, muss sich der Anwalt im weiteren Verlauf eine sogenannte Deckungszusage einholen. Dazu wird in aller Regel der Entwurf der Klage bzw. Klageerwiderung an die Versicherung gesendet, damit diese sich umfassend über den Sachverhalt informieren kann.

Möchte der Rechtsanwalt das Mandat übernehmen, lässt er sich vom Mandanten eine vorbereitete Vollmacht unterzeichnen.

Je nach Fall ist der Mandant anschließend dazu anzuhalten, die für die Sache wichtigen Unterlagen (zB gerichtliche und außergerichtliche Schreiben; Verträge) vorzulegen bzw. kurzfristig nachzureichen. Diese werden in Kopie zur Akte genommen, die in der Kanzlei zum Mandat angelegt wird. Zudem wird in der Regel die Zahlung eines Vorschusses vereinbart, bevor der Anwalt in der Sache tätig wird.

Unabhängig davon muss der Anwalt jedenfalls in der Sache prüfen, ob im konkreten Fall Fristen laufen, die einzuhalten sind. Ist dies der Fall, werden die entsprechenden Fristen in den Kalender notiert und – sofern notwendig – kurzfristige Maßnahmen getroffen wie zB die Verteidigungsabsicht angezeigt, die Verjährung durch geeignete Maßnahmen unterbrochen oder aber Einspruch gegen ein erlassenes Versäumnisurteil eingelegt.

Ergänzender Hinweis

Richter und Staatsanwalt prüfen natürlich zu allererst immer, ob sie für die Bearbeitung der jeweiligen Akte zuständig sind. Denn niemand beschäftigt sich gerne detailliert mit der Sach- und Rechtslage, um später festzustellen, dass dies mangels Zuständigkeit gar nicht notwendig gewesen wäre!

Bei den vorigen Ausführungen sind wir von der Zuständigkeit des Richters bzw. Staatsanwalts ausgegangen. Da die Zuständigkeit aber eine ebenfalls gern gestellte Frage in der mündlichen Prüfung im 2. Examen ist, gehen wir auf diesen Punkt noch gesondert ein.

Auszüge aus den Prüfungsprotokollen

» Dann ging es weiter: Was macht der Richter, wenn er eine neue Akte vor sich liegen hat? Welche Zuständigkeiten unterscheidet man? Wonach bestimmt sich innerhalb der Kammer, welcher Richter zuständig ist? Wie geht der Richter vor, wenn feststeht, dass er zuständig ist? Abgrenzung schriftliches Vorverfahren - früher erster Termin.

» Herr XXX leitete die Prüfung mit der Frage ein, was aus Sicht des Vorsitzenden einer Strafkammer am Landgericht ½ Stunde vor Sitzungsbeginn zu tun sei.

Nachdem wir darstellten, dass eine Belehrung der Schöffen geboten sei, und deren Zweck erörterten (die Schöffen sind mit der Akte bis dato nicht betraut), fragte Herr XXX, ob etwas dagegen spreche, diesen die Akte auszuhändigen. Streitig ist dies wohl vor dem Hintergrund, dass die Akte der Anklageschrift, deren Bestandteile abgefragt wurden, das wesentliche Ergebnis der Ermittlungen zu entnehmen sei. Die Aushändigung der Akte könne gegen § 261 StPO verstoßen, da dem Mündlichkeitsgrundsatz zufolge die Schöffen ihre Meinung in der Hauptverhandlung bilden sollen.

» Man kommt nach einem Auswärtstermin zurück ins Büro und sieht einen Zettel von einer Angestellten auf dem Schreibtisch: "Herr Müller hat angerufen. Seine Frau wurde von dem Nachbarshund gebissen. Kann man da etwas machen?"

Vorgeschlagen wurde unter anderem, den PC hochzufahren, in der Mandantenkartei zu schauen, welcher Herr Müller gemeint sein könnte und am nächsten die Angestellte zu fragen. Herr Müller wäre zu kontaktieren und ihm mitzuteilen, dass ggf. Ansprüche seiner Frau in Betracht kämen. Er wäre zu fragen, wie sein Nachbar hieße. Ggf. wäre das Mandat abzulehnen, falls eine Interessenkollision vorliegt. Anschließend muss über die Kosten gesprochen werden und es ist eine Vollmacht einzuholen.

☆☆☆★★

Allgemein

Thema

Sitz und Infos zu wichtigen Gerichten und Institutionen

Bemerkungen

Deutlich seltener als man vermuten könnte, werden in der mündlichen Prüfung im 2. Examen Fragen zu den obersten Gerichten oder anderen wichtigen (europäischen) Institutionen gestellt. Kommen allerdings solche Fragen „zum Aufwärmen" in der Prüfung, muss man zwingend die Antwort parat haben. Denn diese Fakten gehören zur Kategorie: „Man erhält keine Extrapunkte, wenn man die Antwort weiß; antwortet man allerdings falsch, kommt dies sehr schlecht bei den Prüfern an."! Im Folgenden haben wir daher die wichtigsten Fakten, die man auf jeden Fall wissen sollte, zusammengestellt.

Bundesgerichtshof

Sitz: Karlsruhe und Leipzig (5. Strafsenat!)

Es gibt 12 Zivilsenate und 5 Strafsenate; darüber hinaus gibt es derzeit 8 Spezialsenate (zB für Notarsachen und für Anwaltssachen).

Präsidentin: Bettina Limperg (seit 01. 07. 2014)*

Homepage: http://www.bundesgerichtshof.de

Bundesverwaltungsgericht

Sitz: Leipzig

Präsident: Klaus Rennert (seit 01. 07. 2014)*

Beim Bundesverwaltungsgericht existieren 14 Senate; 10 Revisionssenate, 2 Wehrdienstsenate, 1 Disziplinarsenat und 1 Fachsenat.

Homepage: http://www.bverwg.de

Bundesarbeitsgericht

Sitz: Erfurt

Präsidentin: Ingrid Schmidt (seit 01. 03. 2005)*

Das Gericht ist in 10 Senate gegliedert, denen jeweils 3 oder 4 Berufsrichter angehören.

Homepage: http://www.bundesarbeitsgericht.de

---

* Zum Zeitpunkt der letzten Überarbeitung dieses Abschnitts. Zur Sicherheit sollte vor der Prüfung der aktuelle Präsident bzw. die aktuelle Präsidentin der Homepage des Gerichts entnommen werden.

Bundessozialgericht

Sitz: Kassel

Präsident: Rainer Schlegel (seit 01. 10. 2016)*

Beim Bundessozialgericht gibt es zurzeit 14 Senate. Diese sind jeweils mit einer Vorsitzenden Richterin oder einem Vorsitzenden Richter besetzt. Daneben gehören den Senaten je nach Geschäftsanfall zwei beziehungsweise drei weitere Richterinnen oder Richter an.

Homepage: http://www.bsg.bund.de

Bundesfinanzhof

Sitz: München

Präsident: Rudolf Mellinghoff (seit 31. 10. 2011)*

Am Bundesfinanzhof existieren derzeit 11 Senate. Innerhalb der Senate werden die Geschäfte gemäß *§ 21g des Gerichtsverfassungsgesetzes* durch Beschluss aller dem Senat angehörenden Richterinnen und Richter verteilt.

Homepage: http://www.bundesfinanzhof.de

* Zum Zeitpunkt der letzten Überarbeitung dieses Abschnitts. Zur Sicherheit sollte vor der mündlichen Prüfung der aktuelle Präsident bzw. die aktuelle Präsidentin der Homepage des Gerichts entnommen werden.

Ergänzender Hinweis: Große Senate

Gemäß *Art. 95 GG* sind bei allen vorgenannten obersten Gerichten „Große Senate" eingerichtet. Grundsätzlich existiert an jedem Bundesgericht ein Großer Senat; lediglich am BGH existieren zwei Große Senate (einer für das Zivilrecht und einer für das Strafrecht).

Art. 95 GG lautet:

„(1) Für die Gebiete der ordentlichen, der Verwaltungs-, der Finanz-, der Arbeits- und der Sozialgerichtsbarkeit errichtet der Bund als oberste Gerichtshöfe den Bundesgerichtshof, das Bundesverwaltungsgericht, den Bundesfinanzhof, das Bundesarbeitsgericht und das Bundessozialgericht.

(2) Über die Berufung der Richter dieser Gerichte entscheidet der für das jeweilige Sachgebiet zuständige Bundesminister gemeinsam mit einem Richterwahlausschuss, der aus den für das jeweilige Sachgebiet zuständigen Ministern der Länder und einer gleichen Anzahl von Mitgliedern besteht, die vom Bundestage gewählt werden.

(3) Zur Wahrung der Einheitlichkeit der Rechtsprechung ist ein Gemeinsamer Senat der in Absatz 1 genannten Gerichte zu bilden. Das Nähere regelt ein Bundesgesetz.

Der Große Senat dient der Sicherung einer einheitlichen Rechtsprechung. Möchte ein Senat von der Rechtsauffassung eines anderen Senats abweichen, wird der Große Senat des jeweiligen Gerichts angerufen.

Der Gemeinsame Senat nach *Art. 95 Abs. 3 GG* hat seinen Sitz in Karlsruhe und entscheidet, wenn ein oberstes Bundesgericht von der Rechtsauffassung eines anderen obersten Bundesgerichts abweichen möchte.

Bundesverfassungsgericht

Sitz: Karlsruhe

Präsident: Andreas Voßkuhle (seit 16. 03. 2010)*

Das Gericht setzt sich aus 2 Senaten mit jeweils 8 Mitgliedern zusammen. Der Vizepräsident ist derzeit Vorsitzender des Ersten Senats, der Präsident ist Vorsitzender des Zweiten Senats. In beiden Senaten gibt es mehrere Kammern mit jeweils 3 Mitgliedern. Die 16 Mitglieder des Bundesverfassungsgerichts werden jeweils zur Hälfte vom Bundestag und vom Bundesrat gewählt.

Homepage: http://www.bundesverfassungsgericht.de

Europäischer Gerichtshof

Sitz: Luxemburg

Präsident: Koen Lenaerts (seit 08. 10. 2015)*

Der EuGH besteht aus einem Richter je Mitgliedstaat. Die Richter müssen unabhängig sein und die in ihrem Land für eine Tätigkeit am höchsten Gericht erforderliche Qualifikation aufweisen oder

---

* Zum Zeitpunkt der letzten Überarbeitung dieses Abschnitts. Zur Sicherheit sollte vor der Prüfung der aktuelle Präsident bzw. die aktuelle Präsidentin der Homepage des Gerichts entnommen werden.

von „anerkannt hervorragender Befähigung" sein. Am EuGH bestehen derzeit 10 Kammern.

Homepage: http://curia.europa.eu/jcms/jcms/j_6/

Europäischer Gerichtshof für Menschenrechte

Sitz: Straßburg

Präsident: Guido Raimondi (seit 01. 11. 2015)[*]

Der Europäische Gerichtshof für Menschenrechte (EGMR) ist ein auf Grundlage der Europäischen Menschenrechtskonvention (EMRK) eingerichteter Gerichtshof. Der EMRK sind alle 47 Mitglieder des Europarats beigetreten. Jeder Unterzeichnerstaat der Konvention entsendet einen Richter in den EGMR. Dementsprechend gehören dem Gerichtshof derzeit 47 Richter an.

Homepage: www.coe.int/T/D/Menschenrechtsgerichtshof

Internationaler Strafgerichtshof

Sitz: Den Haag

Präsidentin: Silvia Fernández de Gurmendi (seit 11. 03. 2015)[*]

---

[*] Zum Zeitpunkt der letzten Überarbeitung dieses Abschnitts. Zur Sicherheit sollte vor der mündlichen Prüfung der aktuelle Präsident bzw. die aktuelle Präsidentin der Homepage des Gerichts entnommen werden.

Der Internationale Strafgerichtshof ist ein ständiges internationales Strafgericht. Er wurde durch das multilaterale Römische Statut des Internationalen Strafgerichtshofs vom 17. 11. 1998 geschaffen und nahm seine Tätigkeit am 1. 11. 2002 auf.

Homepage: http://www.icc-cpi.int

Auszüge aus den Prüfungsprotokollen

» Besetzung des Verwaltungsgerichts? § 5 VwGO. Wonach bestimmt sich, welche Kammer eigentlich zuständig ist? Nach dem Geschäftsverteilungsplan, § 21a ff. GVG. Sitz des BVerwG? Leipzig.

» Beispielsweise fragte Herr XXX wo der EGMR seinen Sitz hat, was der Europarat ist und wie viele Mitglieder er zählt.

☆☆☆☆★

Allgemein

Thema

Gerichtsakten und Registerzeichen

Bemerkungen

Ab und an sind wir bei der Durchsicht der Prüfungsprotokolle auf Fragen gestoßen, woran man zum Beispiel eine Akte erkennt, die ein Richter in einem Strafverfahren vor einem Schöffengericht auf den Tisch bekommt. Man sollte sich daher kurz mit den charakteristischen Merkmalen von Gerichtsakten und Registerzeichen beschäftigen, auch wenn Fragen hierzu eher selten gestellt werden.

Farben der Gerichtsakten

Selbst wenn man nicht viele Akten in der Zivil- und Strafrechtsstation bearbeitet haben sollte, so sollte doch jedem in Erinnerung geblieben sein, dass Akten im Strafverfahren rot und Akten im Zivilverfahren grau sind.

Registerzeichen

Zunächst einmal ist es wichtig zu wissen, dass im Anhang des Schönfelders sämtliche Abkürzungen für Registerzeichen aufgelistet sind. Wenn alle Stricke reißen, kann man dort also nachschlagen. Trotz alledem sollte man als Referendar die wichtigsten Registerzeichen kennen und auf Nachfrage in der mündlichen Prüfung auch ohne Nachschlagen nennen können!

Die wichtigsten Registerzeichen in der Übersicht nach Rechtsgebieten sortiert:

Zivilverfahren

C	Allgemeine Zivilsachen	Amtsgericht
O	Allgemeine Zivilsachen 1. Instanz	Landgericht
S	Berufung in Zivilsachen	Landgericht
U	Berufungen in Zivilsachen	Oberlandesgericht
ZR	Revisionen in Zivilsachen	Bundesgerichtshof

weitere „besondere“ zivilrechtliche Verfahren

Ca	Arbeitsrechtliche Verfahren	Arbeitsgericht
B	Mahnverfahren	Amtsgericht
IN	Insolvenzsachen	Amtsgericht

IK	Verbraucher-Insolvenzsachen	Amtsgericht
M	Zwangsvollstreckungssachen	Amtsgericht

Strafverfahren

Js	Ermittlungsverfahren	Staatsanwaltschaft
Ds	Strafverf. vor dem Einzelrichter	Amtsgericht
Ls	Strafverf. vor dem Schöffengericht	Amtsgericht
KLs	Erstinstanzliche Strafsachen	Landgericht
Ks	Strafsachen vor dem Schwurgericht	Landgericht
Cs	Strafbefehle	Amtsgericht
Ns	Berufungen in Strafsachen	Landgericht
Ss	Revisionen in Strafsachen	Oberlandesgericht
StR	Revisionen in Strafsachen	Bundesgerichtshof

Auszüge aus den Prüfungsprotokollen

» Frau XXX legte eine Akte auf den Tisch, auf der das Registerzeichen notiert war. Dieses begann mit einem „S“. Sie fragte uns, was dieses Registerzeichen über das bisherige Verfahren aussagt (Berufungsverfahren am LG; erstinstanzlich muss demnach das Amtsgericht gewesen sein).

» Frau XXX wollte noch kurz wissen, was Registerzeichen sind, wie diese sich zusammensetzen und wie diese bei der StA im Einzelnen lauten (Js und UJs – also Justizsache und unbekannte Justizsache).

» Wir waren die Richterin des Amtsgerichts, die die Klage des K auf den Tisch bekommt. Er fragte nach dem Registerzeichen („C") und wie das weitere Vorgehen ist, also entweder früher erster Termin (§ 275 ZPO) oder schriftliches Vorverfahren (§ 276 ZPO).

☆☆★★★

Zivilrecht

Thema

Zuständigkeiten, Instanzenzug und Besetzung der Gerichte im Zivilprozess

Bemerkungen

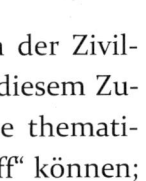

Nicht nur in der Strafrechtsprüfung, sondern auch in der Zivilrechtsprüfung werden oftmals Instanzenzug – und in diesem Zusammenhang – die Besetzung der jeweiligen Gerichte thematisiert. Die Regelungen hierzu sollte man „aus dem Effeff" können; zudem ist es immer zwingend erforderlich, die jeweiligen Normen zu kennen, die dies regeln! Beim Durchlesen der nachfolgenden Ausführungen solltest Du unbedingt parallel die Normen aufschlagen und lesen.

Zuständigkeit 1. Instanz

Nach *§ 71 Abs. 1 GVG* ist grundsätzlich das Landgericht erstinstanzlich zuständig, es sei denn die Rechtsstreitigkeit ist den Amtsgerichten zugewiesen.

Auch wenn sich die Zuständigkeit der Amtsgerichte grundsätzlich nach dem Streitwert richtet (siehe unten), ist das Landgericht unabhängig davon ausschließlich zuständig in den in *§ 71 Abs. 2 GVG* aufgezählten Streitigkeiten. Wichtigster Fall in diesem Katalog sind Ansprüche, die auf Grund der Beamtengesetze gegen den Fiskus erhoben werden (Amtshaftungsansprüche).

Besetzung der Kammern des Landgerichts (bitte bloß nicht als Senat bezeichnen!): Gemäß *§ 75 GVG* grundsätzlich 3 Berufsrichter – nämlich der Vorsitzende der Kammer sowie 2 Beisitzer. Ausnahme: die Rechtsstreitigkeit wird auf einen Einzelrichter übertragen.

Die Amtsgerichte sind nach *§ 23 GVG* erstinstanzlich zuständig bei Streitigkeiten mit einem Streitwert von bis zu 5.000 Euro (Nr. 1) sowie bei den unter Nr. 2 der Vorschrift aufgezählten Streitigkeiten, also insbesondere bei Streitigkeiten über Ansprüche aus einem Mietverhältnis über Wohnraum.

Besetzung der Amtsgerichte: Gemäß *§ 22 GVG* entscheidet ein Berufsrichter als Einzelrichter.

Mache Dir das System der Zuständigkeitsnormen klar:

1. Regel: Grundsätzlich ist das Landgericht zuständig, es sei denn die Rechtsstreitigkeit ist nach dem GVG den Amtsgerichten zugewiesen (§ 71 Abs. 1 GVG).

2. Regel: Die Amtsgerichte sind – neben den explizit in § 23 Nr. 2 GVG genannten Fällen – zuständig für Streitigkeiten mit einem Streitwert von bis zu (und einschließlich!) 5.000 Euro (§ 23 Nr. 1 GVG).

Ausnahme = 3. Regel: Auch bei Streitwerten unter 5.000 Euro sind die Landgerichte ausschließlich zuständig für die in § 71 Abs. 2 GVG aufgezählten Streitigkeiten.

Zuständigkeit Berufungsinstanz

Zuständiges Berufungs- und Beschwerdegericht gegen erstinstanzliche amtsgerichtliche Entscheidungen ist das Landgericht (*§ 72 GVG*). Als Ausnahme dazu ist nach *§ 119 Abs. 1 Nr. 1 GVG* das Oberlandesgericht zuständig für Beschwerden gegen Entscheidungen der Amtsgerichte in Familiensachen sowie amtsgerichtlichen Entscheidungen in den Angelegenheiten der freiwilligen Gerichtsbarkeit.

Besetzung: Für die Besetzung der Berufungs- und Beschwerdekammern der Landgerichte gilt dasselbe wie bei der erstinstanzlichen Zuständigkeit der Landgerichte (siehe oben).

Bei Berufung oder Beschwerde gegen erstinstanzliche Entscheidungen der Landgerichte sind die Oberlandesgerichte zuständig (*§ 119 Abs. 1 Nr. 2 GVG*).

Besetzung: Die Senate der Oberlandesgerichte entscheiden in der Besetzung von 3 Berufsrichtern, es sei denn die Rechtssache wurde auf einen Einzelrichter übertragen (*§ 122 Abs. 1 GVG*).

Zuständigkeit in der Revisionsinstanz

Für das Rechtsmittel der Revision ist der Bundesgerichtshof zuständig.

Besetzung: Die Senate des Bundesgerichtshofes entscheiden in der Besetzung von fünf Mitgliedern einschließlich des Vorsitzenden (*§ 139 Abs. 1 GVG*).

Besetzung der Gerichte im Zivilverfahren - Zusammenfassung:

Amtsgericht: 1 Berufsrichter als Einzelrichter.

Landgericht: Kammer mit grundsätzlich 3 Berufsrichtern, es sei denn Übertragung auf den Einzelrichter.

Oberlandesgericht: Senat mit grundsätzlich 3 Berufsrichtern, es sei denn Übertragung auf den Einzelrichter.

Bundesgerichtshof: Senat mit 5 Berufsrichtern.

Sprungrevision als Sonderfall

Grundsätzlich ist die Revision nur bei Berufungsurteilen statthaftes Rechtsmittel. Man muss also zunächst Berufung gegen ein erstinstanzliches Urteil einlegen, bevor anschließend eine Revision zulässig ist.

Etwas anderes gilt allerdings unter den Voraussetzungen des *§ 566 ZPO*. Danach ist eine sogenannte Sprungrevision gegen erstinstanzliche Urteile der Amts- und Landgerichte möglich. Voraussetzungen der Zulässigkeit sind:

- ohne Zulassung berufungsfähiges Endurteil
- Einwilligung der Gegner zur Übergehung der Berufungsinstanz
- Zulassung der Sprungrevision durch das Revisionsgericht

„Ohne Zulassung" berufungsfähig ist ein Endurteil dann, wenn der Wert des Beschwerdegegenstandes 600 Euro übersteigt (*§ 511 Abs. 2 Nr. 1 ZPO*).

Ergänzender Hinweis:

Sinn der Sprungrevision nach § 566 ZPO ist die Beschleunigung des Verfahrens, wenn

(a) der Sachverhalt weitestgehend unstreitig ist und

(b) die Entscheidung nur von der Beurteilung von Rechtsfragen abhängt.

Die Sprungrevision wird nur dann zugelassen, wenn die Rechtssache grundsätzliche Bedeutung hat oder die Fortbildung des Rechts oder die Sicherung einer einheitlichen Rechtsprechung eine Entscheidung des Revisionsgerichts erfordert (*§ 566 Abs. 4 ZPO*).

Weitere Fragen im Zusammenhang mit dem Instanzenzug und der Besetzung der Zivilgerichte

Fragt ein Prüfer nach der Zuständigkeit, dem Instanzenzug sowie der Besetzung der Gerichte im Zivilprozess werden oftmals auch folgende Vertiefungsfragen im Prüfungsgespräch erörtert:

» *Welche Arten von Streitwerten kennt die Zivilprozessordnung?*

Es gibt drei Arten von Streitwerten: Den Zuständigkeitsstreitwert, den Rechtsmittelstreitwert und den Gebührenstreitwert. Der Zuständigkeitsstreitwert berechnet sich nach den *§§ 2 ff. ZPO*. Unter dem Rechtsmittelstreitwert versteht man den Wert des Beschwerdegegenstandes (vgl. *§§ 511 Abs. 2 Nr. 1, 567 Abs. 2 ZPO*). Nach dem Gebührenstreitwert werden die Gebühren für das Gericht und die Rechtsanwälte berechnet. Hierfür gelten die *§§ 39 ff. GKG*.

» Wie beeinflusst eine Widerklage den Zuständigkeitsstreitwert?

Nach *§ 5 ZPO* werden die in Klage und Widerklage geltend gemachten Ansprüche im Rahmen der Feststellung des Zuständigkeitsstreitwerts nicht zusammengerechnet. Vielmehr ist der jeweils höhere Streitwert von Klage oder Widerklage für die sachliche Zuständigkeit alleine maßgeblich.

Ergänzender Hinweis:

Anders aber im Hinblick auf den Gebührenstreitwert (vgl. § 45 GKG)!

» Erhöhen Zinsen den Zuständigkeitsstreitwert?

Nein, Zinsen sind Nebenforderungen, die nach *§ 4 Abs. 1 ZPO* bei der Berechnung des Streitwerts unberücksichtigt bleiben.

» Wer legt den Gebührenstreitwert fest?

Der Gebührenstreitwert wird vom Gericht zunächst für die Gebühren, die im Voraus zu entrichten sind, per Beschluss vorläufig festgelegt. Nach Entscheidung des Rechtsstreits erfolgt die endgültige Streitwertfestsetzung ebenfalls durch das Gericht per Beschluss.

» Was versteht man unter einem Spruchkörper?

Ein Spruchkörper ist ein rechtsprechendes Organ eines Gerichts. Der Spruchkörper eines Landgerichts ist die Kammer; der Spruchkörper eines Oberlandesgerichts und des Bundesgerichtshofs ist der Senat.

» Wonach richtet sich die Zuständigkeit innerhalb der Gerichte?

Welcher Spruchkörper oder Richter für die Bearbeitung einer Rechtssache zuständig ist, ergibt sich aus dem Geschäftsverteilungsplan des jeweiligen Gerichts. Ein hinreichend bestimmter Geschäftsverteilungsplan sichert dabei den Anspruch des Rechtsuchenden auf den gesetzlichen Richter (*Art. 101 Abs. 1 GG, § 16 GVG*).

» Wer stellt den Geschäftsverteilungsplan auf?

Nach *§ 21e GVG* ist das Präsidium für die Verteilung der Geschäfte zuständig. Inhaltlich regelt der Geschäftsverteilungsplan die Besetzung der jeweiligen Spruchkörper und die Zuständigkeit für eingehende Rechtssachen.

Das Präsidium setzt sich zusammen aus dem Präsidenten des jeweiligen Gerichts sowie einer gewissen Anzahl von gewählten Richtern (*§ 21a GVG*).

Ergänzender Hinweis:

Mit den §§ 21a ff. GVG hat sich ein Referendar in aller Regel noch nie im Rahmen der Ausbildung beschäftigt. Bei der Durchsicht der Protokolle ist allerdings aufgefallen, wie oft Fragen zum Geschäftsverteilungsplan gestellt werden. Dies gilt nicht nur aber vor allem dann, wenn der Prüfer Präsident eines Gerichts ist!

Es ist daher dringend anzuraten, die §§ 21a ff. GVG einfach mal durchzulesen, um einen Überblick hierzu zu erhalten.

» Kann der Geschäftsverteilungsplan jederzeit geändert werden?

Gerade weil vor Eingang einer Rechtssache unwillkürlich feststehen muss, welcher Spruchkörper für die Bearbeitung zuständig ist („gesetzlicher Richter“), ist eine Änderung des Geschäftsverteilungsplans grundsätzlich nur zu jedem Jahresbeginn per Beschluss möglich. Der Geschäftsverteilungsplan tritt mit Ende eines Jahres ohne weiteres außer Kraft.

Nach Beginn eines Geschäftsjahres ist eine Änderung des Plans nur unter den besonderen Voraussetzungen des *§ 21e Abs. 3 GVG* möglich.

» Wann wird eine Rechtsstreitigkeit in 1. Instanz beim Landgericht auf einen Einzelrichter übertragen?

Grundsätzlich immer. Dies folgt aus *§ 348 ZPO*. Nur wenn es sich um eine Rechtsstreitigkeit aus einem in *§ 348 Abs. 1 Nr. 2 ZPO* genannten Sachgebiete handelt und derartige Rechtssachen der Kammer in Spezialzuständigkeit zugewiesen sind, entscheidet die Kammer in ihrer originären Besetzung.

Der Einzelrichter kann die Übernahme der Rechtssache durch die Kammer beantragen, wenn die Sache besondere Schwierigkeiten aufweist, die Rechtssache grundsätzliche Bedeutung hat oder die Parteien dies übereinstimmend beantragen.

» *Wonach bestimmt sich, wer eine Rechtssache als Einzelrichter übertragen bekommt?*

Auch innerhalb eines Spruchkörpers wird ein Plan aufgestellt, der die eingehenden Geschäfte eindeutig auf die Mitglieder des Spruchkörpers verteilt. Diese Geschäftsverteilung erfolgt per Beschluss aller dem Spruchkörper angehörenden Berufsrichter (*§ 21g GVG*).

Auszüge aus den Prüfungsprotokollen

» Herr XXX ist Präsident eines Landgerichts. Das erwähne ich an dieser Stelle, weil wir die Prüfung mit Fragen rund um die §§ 21a ff. GVG, nämlich den Vorschriften über das Präsidium und die Geschäftsverteilung (insbesondere den GVP) begannen. Das haben sicherlich die allerwenigsten auf dem Schirm, deshalb sollte man sich diese Paragrafen durchlesen.

Kann der Präsident bestimmen, der kompetenteste Richter X soll zB immer Amtshaftung oder Arzthaftungssachen machen? Nein, das richtet sich nach dem GVP.

Wer sitzt in dem Präsidium? Nur Richter. Wer wählt die Mitglieder des Präsidiums? Wie kommt der GVP zustande? Werden die nicht beteiligten Richter im Vorfeld angehört? Wer macht die GVP? Die Verwaltung.

Anschließend erzählte Herr XXX, dass der GVP anderer Gerichte vorsieht, dass es Spezialkammern gibt, die sich auf bestimmte Rechtsgebiete spezialisierten. Diese Idee fand Herr XXX so gut, dass er sie bei seinem Landgericht adaptierte. Konnte er das? Nach § 21e Abs. 1 GVG „verteilt das Präsidium die Geschäfte". Also durfte er den GVP dergestalt ändern.

Können die Richter (eines Spruchkörpers) auch bestimmen, dass immer 1 Vorsitzender und 2 Beisitzer und keine Einzelrichter mehr entscheiden sollen? Laut § 21g Abs. 1 GVG ja.

Könnte man im GVP eine solche Regelung festlegen? Nein, denn die Übertragung auf den Einzelrichter hat auch materielle Aspekte, ist nicht in der GVG, sondern in der ZPO geregelt und dort in den §§ 348 ff. ZPO an bestimmte Voraussetzungen geknüpft.

Damit beendeten wir diesen recht anspruchsvollen, da unerwarteten Einstieg rund um den GVP. Hier zählten allerdings weniger „richtig oder falsch", sondern gute Argumente sowie der Umgang mit und die Auslegung von unbekannten Gesetzesnormen wie den §§ 21a ff. GVG.

» Dann ging Frau XXX mit uns den kompletten Instanzenzug im Zivilrecht durch. Viel Wert legte sie auf die Verweisungsproblematik bei (vermeintlicher) Unzuständigkeit. Wir sprachen im Zuge dessen intensiv über die Vorschriften der §§ 36, 37 ZPO und des § 504 ZPO.

☆☆☆★★

Zivilrecht

Thema

Grundsätze des Zivilprozesses

Bemerkungen

Zwar seltener als in der Strafrechtsprüfung, aber auch in den Protokollen der zivilrechtlichen Prüfungen finden sich Fragen zu den grundlegenden Verfahrensmaximen. Diese sollte man auf jeden Fall auf Nachfrage nennen können.

Dispositionsmaxime

Nur der Kläger kann mit dem Klageantrag und dem Klagegrund den Streitgegenstand bestimmen und nur die Parteien können über diesen – zB durch Rücknahme oder Abschluss eines Vergleichs – verfügen.

Ergänzender Hinweis:

Der Gegensatz zur Dispositionsmaxime ist die Offizialmaxime, die im Strafverfahren gilt und Gang und Inhalt des Verfahrens der Herrschaft der Beteiligten weitestgehend entzieht.

Verhandlungs- und Beibringungsgrundsatz

Die Beibringung des Tatsachenstoffes obliegt allein den Parteien, nicht aber dem Richter. Dementsprechend darf das Gericht Tatsachen, die nicht von einer Partei vorgetragen worden sind, bei der Entscheidung nicht berücksichtigen.

Grundsatz der Mündlichkeit

Der schriftliche Akteninhalt bereitet lediglich die mündliche Verhandlung vor und kündigt Sachvortrag und Klageantrag nur an. Prozessrechtlich erheblich ist allein der mündliche Parteivortrag.

Ein Unteraspekt dieser Verfahrensmaxime ist der Grundsatz der Einheit der mündlichen Verhandlung. Danach ist es unerheblich, wann Vortrag in den Schriftsätzen angekündigt wird und in welchen mündlichen Verhandlungsterminen er erfolgt. Maßgeblich sind nur die Anträge und der Sachverhalt, soweit die Parteien an diesem in der letzten mündlichen Verhandlung festhalten.

Grundsatz der Unmittelbarkeit

Verhandlung und Beweisaufnahme müssen unmittelbar vor dem erkennenden Gericht und ohne Dazwischentreten einer richterlichen Mittelsperson stattfinden.

Grundsatz der Beschleunigung

Der Beschleunigungsgrundsatz (Konzentrationsmaxime) gibt Parteien und Gericht auf, den Prozess zügig voranzutreiben. Ausdruck findet dieser Grundsatz in *§ 272 ZPO*, wonach der Rechtsstreit möglichst in einem Haupttermin zu erledigen ist.

Öffentlichkeitsgrundsatz

Aus dem Grundsatz der Öffentlichkeit des Verfahrens (*§§ 169 ff. GVG*) folgt, dass der Zivilprozess öffentlich stattfindet. Eine „Geheimjustiz" soll dadurch verhindert werden.

Der Öffentlichkeitsgrundsatz gilt für alle Verhandlungen, Beweisaufnahmen sowie die Verkündung von Urteilen und Beschlüssen. Andererseits sind Rundfunk- und Filmaufnahmen während der Verhandlung unzulässig, da sie den Prozess beeinflussen könnten (*§ 169 Satz 2 GVG*).

Gewährung rechtlichen Gehörs

Parteien und Nebenintervenienten dürfen sich im Prozess zum gesamten Prozessstoff äußern; nur solcher Prozessstoff darf der Entscheidung zugrunde gelegt werden, zu dem Gehör gewährt wurde.

Auszüge aus den Prüfungsprotokollen

» Die Prüfung begann mit den Basics des Zivilverfahrens. Herr XXX fragte die Kandidaten der Reihenfolge nach, welche Grundsätze im Zivilprozess herrschen. Jeder musste den von ihm genannten Grundsatz erläutern und einen Fall bilden, in dem gegen den jeweiligen Grundsatz verstoßen wird.

☆★★★★

Zivilrecht

Thema

Rechtsbehelfe (und -mittel) im Zivilprozess

Bemerkungen

Beim Thema Rechtsbehelfe* der ZPO fallen den meisten Referendaren stichwortartig die Klassiker wie zum Beispiel Einspruch, Berufung und Revision ein. Eine Auswertung der Protokolle hat jedoch ergeben, dass detaillierter Antworten auf Fragen zu den Rechtsbehelfen im Zivilprozess erwartet werden.

Wir stellen Dir daher im Folgenden die wichtigsten Rechtsbehelfe der ZPO vor und versuchen, Dir dabei auch die Systematik zu verdeutlichen.

Rechtsbehelfe, die sich gegen Personen richten

Gesuch auf Ablehnung eines Richters, Urkundsbeamten, Rechtspflegers und Sachverständigen - *§§ 42 ff., 406 ZPO*

---

* Wenn nicht anders angegeben, ist dieser Begriff als „Rechtsbehelfe im weiteren Sinne“ zu verstehen. Dieser umfasst also Rechtsbehelfe im engeren Sinne sowie die Rechtsmittel.

Rechtsbehelfe, die sich gegen Notfristen richten

Wiedereinsetzung in den vorigen Stand - *§§ 233 ff. ZPO*

Rechtsbehelfe, die sich gegen Entscheidungen richten

Einspruch gegen ein Versäumnisurteil - *§ 340 ZPO*

Wiederaufnahme des Verfahrens - *§§ 578 ff. ZPO*

Erinnerung - *§ 573 ZPO*[*]

Antrag auf Protokoll-, Tatbestands- sowie Urteilsberichtigung - *§§ 164, 319 ff. ZPO*

Gehörsrüge - *§ 321a ZPO*

Berufung - *§§ 511 ff. ZPO*

Revision - *§§ 542 ff. ZPO*

Sofortige Beschwerde - *§§ 567 ff. ZPO*

Weitere Fragen im Zusammenhang mit den Rechtsbehelfen und Rechtsmitteln im Zivilprozess

Macht ein Prüfer das Thema Rechtsbehelfe und Rechtsmittel zum Gegenstand seiner Prüfung, bieten sich weitere Vertiefungsfragen

---

[*] Auch im Zwangsvollstreckungsverfahren gibt es bekanntlich eine Erinnerung als Rechtsbehelf. In diesem Abschnitt soll es aber allein um Rechtsbehelfe im Zivilprozess gehen.

an, die sich oft in Protokollen finden. Diese stellen wir Dir im Folgenden dar.

» Welche Rechtsmittel kennt die ZPO?

Rechtsmittel sind die Berufung, die Revision und die sofortige Beschwerde.

» Wodurch unterscheiden sich Rechtsmittel und Rechtsbehelfe (i.e.S.)?

Rechtsmittel unterscheiden sich von den Rechtsbehelfen durch zwei Merkmale: Den Suspensiveffekt und den Devolutiveffekt.

Suspensiv-(Hemmungs-)wirkung bedeutet, dass die formelle Rechtskraft nicht eintritt, solange das Rechtsmittel eingelegt werden kann bzw. wenn das Rechtsmittel fristgerecht eingelegt worden ist.

Devolutiv-(Abwälzungs-)wirkung bedeutet, dass über Rechtsmittel die nächsthöhere Instanz entscheidet. Über Rechtsbehelfe hingegen wird in der Ausgangsinstanz entschieden.

Ergänzender Hinweis:

Welche nächsthöhere Instanz konkret zuständig ist, haben wir Dir beim Thema „Zuständigkeit und Instanzenzug im Zivilprozess sowie Besetzung der Gerichte“ gesondert dargestellt.

» *Welche Voraussetzungen müssen für eine Berufung gegen ein erstinstanzliches Urteil eines Amts- bzw. Landgerichts vorliegen?*

Eine Berufung ist grundsätzlich nur dann statthaft, wenn die Berufungssumme in Höhe von 600 € erreicht ist oder aber das erstinstanzliche Gericht die Berufung ausdrücklich im Urteil zugelassen hat. Dies ergibt sich aus *§ 511 Abs. 2 ZPO*.

Ergänzender Hinweis:

Wir haben auch ein paar Mal in Protokollen die Frage entdeckt, ob es auch eine vergleichbare „Revisionssumme“ gibt. Früher gab es eine solche Revisionssumme; diese lag bei 60.000 DM. Inzwischen ist zwar die Revisionssumme aufgehoben worden. Dafür gibt es nun eine Wertgrenze für die Beschwerde gegen die Nichtzulassung der Revision, die bei 20.000 Euro liegt (vgl. § 26 Nr. 8 EGZPO).

Mit der Berufung angegriffen werden können grundsätzlich nur erstinstanzliche Endurteile. Als Ausnahme zu diesem Grundsatz kann aber nach *§ 514 ZPO* ein Versäumnisurteil, das ein Endurteil ist, nicht mit der Berufung angefochten werden.

» *Ein streitiges Urteil wird versehentlich als Versäumnisurteil bezeichnet. Welcher Rechtsbehelf ist dann zulässig?*

In einem solchen Fall gilt der „Grundsatz der Meistbegünstigung“. Gegen ein solches Urteil ist sowohl der Einspruch als auch – und entgegen des Wortlauts des *§ 514 ZPO* – die Berufung statthaft.

» Worin unterscheiden sich die Rechtsmittel der Berufung und Revision?

Die Revision ermöglicht im Gegensatz zur Berufung nicht eine tatsächliche, sondern nur die rechtliche Nachprüfung. Sie dient vor allem der Wahrung einer einheitlichen Rechtsprechung, welche ihrerseits die Rechtssicherheit sichert.

Ausdruck findet dieser Unterschied im Gesetz in *§ 545 ZPO*: Danach kann eine Revision nur darauf gestützt werden, „dass die Entscheidung auf einer Verletzung des Rechts beruht“.

» Die Berufung ist nur gegen erstinstanzliche Endurteile statthaft. Welche Arten von Urteilen gibt es noch?

Wenn man hinsichtlich des Gegenstandes des Rechtsschutzbegehrens differenziert: Leistungsurteil, Feststellungsurteil und Gestaltungsurteil.

Wenn man hinsichtlich der Rechtskraftwirkung differenziert: Prozessurteile, die nur über die Zulässigkeit der Klage entscheiden, sowie Sachurteile, die in der Sache selbst entscheiden.

Wenn man nach dem Zustandekommen differenziert: Streitige Urteile und Versäumnisurteile.

Wenn man nach der Wirkung differenziert: Neben dem Endurteil – sowie dem Teilurteil als Unterfall des Endurteils (*§ 301 ZPO*) – gibt es noch Zwischenurteile (*§ 303 ZPO*) und Vorbehaltsurteile (*§ 302 ZPO*).

Ergänzender Hinweis:

Dir sitzen in der Prüfung ausschließlich Praktiker gegenüber. Die Urteilsbezeichnungen und deren Bedeutung bzw. Abgrenzung müssen sitzen!

» Sie stellen einen Antrag auf Ablehnung des Richters wegen Besorgnis der Befangenheit. Wer entscheidet über diesen Antrag?

Die Entscheidung über den Antrag obliegt nicht dem nächsthöheren Gericht, sondern es entscheidet gemäß *§ 45 ZPO* das Gericht, dem der Abgelehnte angehörte, natürlich ohne dessen Mitwirkung. Richtet sich die Ablehnung gegen einen Richter am Amtsgericht, entscheidet über den Antrag ein anderer Richter des Amtsgerichts.

» Der Antrag auf Ablehnung des Richters wegen Besorgnis der Befangenheit wird zurückgewiesen. Wie können Sie gegen diese Entscheidung vorgehen?

Die Entscheidung über das Ablehnungsgesuch ergeht durch Beschluss. Gegen diesen Beschluss ist die sofortige Beschwerde das statthafte Rechtsmittel (*§ 46 Abs. 2 ZPO*).

» In welchen Fällen ist die sofortige Beschwerde das statthafte Rechtsmittel?

Die sofortige Beschwerde ist stets dann das Rechtsmittel, wenn es im Gesetz ausdrücklich so vorgesehen ist. Darüber hinaus ist es das einschlägige Rechtsmittel bei allen Entscheidungen, welche eine mündliche Verhandlung nicht erfordern und durch die ein das Verfahren betreffendes Gesuch zurückgewiesen wurde (*§ 567 Abs. 1 ZPO*).

» Wie lautet der lateinische Begriff für das Gericht der nächsthöheren Instanz, welches über Rechtsmittel entscheidet?

Die Bezeichnung lautet „iudex ad quem". Dagegen wird das Gericht der Ausgangsinstanz, das über Rechtsbehelfe entscheidet, „iudex a quo" genannt.

» Was ist die Besonderheit einer Notfrist? Wann wird eine Frist zur Notfrist?

Die Besonderheit einer Notfrist liegt darin, dass diese weder verlängert noch verkürzt werden kann (*§ 224 ZPO*). Charakteristisch ist zudem, dass sie trotz Ruhens des Verfahrens weiter abläuft (*§ 251 Satz 2 ZPO*).

Eine Frist ist nur dann eine Notfrist, wenn sie vom Gesetz als solche bezeichnet ist. Wurde eine Notfrist versäumt, kommt allenfalls eine Wiedereinsetzung in den vorigen Stand nach den *§§ 233 ff. ZPO* in Betracht.

» Warum ist es im Rahmen der Prüfung des Wiedereinsetzungsantrags entscheidend, ob der Anwalt oder eine Büroangestellte des Anwalts die Fristversäumung verschuldet hat?

Der Partei werden Anwaltsfehler – und auch Fehler von Sozien oder juristischen Mitarbeitern – gemäß *§ 85 Abs. 2 ZPO* zugerechnet. Die Partei muss sich jedoch nicht Fehler von Erfüllungsgehilfen des Anwalts (Büroangestellte) zurechnen lassen, da *§ 278 BGB* in der ZPO nicht gilt. In der Praxis geht es dementsprechend in aller Regel um die Frage, ob dem Anwalt ein Organisations- und Überwachungsverschulden hinsichtlich seiner Angestellten vorgeworfen werden kann.

» Als Stationsreferendar hat Ihnen der Ausbildungsanwalt die Führung des Fristenkalenders übertragen. Aufgrund Ihres Fehlers wird eine Frist übersehen. Kann der Rechtsanwalt mit Erfolg die Wiedereinsetzung beantragen?

Entscheidend ist, ob ein Verschulden des Anwalts vorliegt. Ein solches Verschulden ist grundsätzlich zu verneinen, wenn im Rahmen der Büroorganisation durch eine allgemeine Arbeitsanweisung Vorsorge dafür getroffen wurde, dass bei normalem Verlauf der Dinge die Frist - trotz möglicher Fehler des Rechtsanwalts - mit Sicherheit gewahrt worden wäre. Die Übertragung der Fristenkontrolle auf einen im Führen des Fristenkalenders ausgebildeten und eingewiesenen Rechtsreferendar führt auch nicht zu einer Erhöhung der Überwachungspflicht des Rechtsanwalts; das Gegenteil ist der Fall (vgl. BGH, Beschl. vom 22. 10. 2013 – II ZB 7/12).

Auszüge aus den Prüfungsprotokollen

» Nachdem wir auf die Rechtsmittel der Berufung, Revision und Rechtsbeschwerde eingegangen waren, fragte XXX nach uns bekannten Rechtsbehelfen. Er ging dabei der Reihenfolge nach von K1 bis K5 und wollte auch die entsprechenden Normen in der ZPO hören.

K1: Einspruch

K2: Antrag auf Wiedereinsetzung

K3: keine Antwort

K4: keine Antwort

K5: Berichtigung des Tatbestandes

Prüfer XXX war sichtlich unzufrieden mit unseren Antworten. Anschließend nannte er weitere Rechtsbehelfe (ich erinnere mich nur noch an die Gehörsrüge) und wollte von uns die Vorschriften hören, wo diese geregelt sind. Schließlich ging es um die Abgrenzung der Begriffe Rechtsbehelf und Rechtsmittel.

☆★★★★

Zivilrecht

Thema

Säumnis der Parteien und Einspruchsverfahren

Bemerkungen

In jeder mündlichen Prüfung im 2. Examen spielt auch das Prozessrecht eine Rolle. Anders als beispielsweise Themen wie Streitverkündung oder Widerklage lässt sich die Säumnis einer Partei im Prozess in *wirklich jede Prüfung* einbauen. Dementsprechend häufig sind wir bei der Auswertung der Protokolle auf dieses Thema in zivilrechtlichen Prüfungen gestoßen.

Grundlagen

Die Regelungen zum Versäumnisverfahren (*§§ 330 ff. ZPO*) sind Ausfluss des Mündlichkeitsprinzips im Zivilprozess (*§ 128 Abs. 1 ZPO*) und der sich aus der Dispositionsmaxime ergebenden Freiheit sich zur Sache einzulassen. Es genügt gerade nicht, sich schriftsätzlich zu äußern; vielmehr muss in der mündlichen Verhandlung ein Antrag gestellt und verhandelt werden.

Macht eine Partei dies nicht, hat die jeweils andere Partei die Möglichkeit, ein Versäumnisurteil zu beantragen und so einen vollstreckbaren Titel zu erlangen.

Ergänzender Hinweis:

Im Folgenden geht es – soweit nicht ausdrücklich anders bezeichnet – ausschließlich um den Erlass eines echten Versäumnisurteils, das heißt um ein Urteil, das gerade aufgrund der Säumnis einer Partei ergeht.

Säumnis des Beklagten

Sowohl in der Praxis als auch in Klausuren und in der mündlichen Prüfung hat die Säumnis des Beklagten die größte Relevanz. Erscheint der Beklagte nicht zur mündlichen Verhandlung bzw. stellt er im Rahmen der Verhandlung keinen Antrag, kann der Kläger unter den folgenden Voraussetzungen den Erlass eines Versäumnisurteils beantragen:

- Säumnis des Beklagten
- Antrag des Klägers
- Vorliegen der Prozessvoraussetzungen
- Schlüssigkeit des Klägervorbringens

Ergänzender Hinweis:

Dem Nichtverhandeln steht die Nichtanzeige gleich, sich gegen die Klage verteidigen zu wollen, wenn das schriftliche Vorverfahren angeordnet wurde. In der Klageschrift ist dementsprechend stets auch zu beantragen, gegen den Beklagten ein Versäumnisurteil zu erlassen, falls dieser nicht rechtzeitig seine Verteidigungsbereitschaft anzeigt (vgl. §§ 331 Abs. 3, 276 ZPO).

Säumnis des Beklagten: Eine Säumnis liegt nur dann vor, wenn keine der Voraussetzungen des *§ 335 Nr. 2-4 ZPO* vorliegt; eine Säumnis kann also nur dann vorliegen, wenn die Partei ordnungsgemäß geladen wurde. Dies wird vom Richter in der Regel noch im Termin anhand der Postzustellungsurkunde geprüft. Im Verfahren vor dem Landgericht (Anwaltszwang!) kommt es auf das Nichterscheinen des Rechtsanwalts, nicht auf das Nichterscheinen der Partei an.

Ergänzender Hinweis:

In der Praxis gilt das ungeschriebene Gesetz, dass man bei Nichterscheinen des gegnerischen Anwalts nicht sofort ein VU beantragt, sondern diesem eine gewisse Zeit einräumt, doch noch zum Termin zu kommen. Denn jedem Anwalt kann es passieren, im Stau zu stehen oder sich aus anderen Gründen ein paar Minuten zu verspäten.

Antrag des Klägers: Der Antrag kann sich auch nur auf einen Teil des Anspruchs beziehen.

Vorliegen der Prozessvoraussetzungen: Liegen die Zulässigkeitsvoraussetzungen nicht vor, kann ggf. gegen den Kläger ein unechtes Versäumnisurteil ergehen.

Schlüssigkeit des Klägervorbringens: Das Vorbringen des Klägers muss zur Schlüssigkeit der Klage führen. Das gesamte Vorbringen ist als wahr zu unterstellen. Hat der Kläger nicht alle anspruchsbegründende Tatsachen behauptet oder Tatsachen vorgetragen, die eine Einrede des Beklagten rechtfertigen, führt dies zu Unschlüssigkeit des Klägervorbringens. Ein Versäumnisurteil kann nicht erlassen werden. Vielmehr ist die Klage durch Sachurteil abzuweisen.

Säumnis des Klägers

Ein Versäumnisurteil gegen den Kläger setzt folgende Voraussetzungen vor:

- Säumnis des Klägers
- Antrag des Beklagten
- Vorliegen der Prozessvoraussetzungen

Es gilt das oben Gesagte hier entsprechend. Die Schlüssigkeitsprüfung entfällt, da das VU allein aufgrund der Säumnis des Klägers ergeht.

Die „Flucht in die Säumnis“

In der Praxis sehr relevant und daher ebenfalls oftmals Gegenstand der mündlichen Prüfung ist die sogenannte „Flucht in die Säumnis“. Darunter versteht man das bewusste Nichtverhandeln in der mündlichen Verhandlung, um so ein Versäumnisurteil gegen die eigene Partei herbeizuführen. Der BGH hat mehrfach entschieden, dass ein solches Vorgehen nicht rechtsmissbräuchlich ist.

Sinnvoll ist die „Flucht in die Säumnis“ immer dann, wenn die Gefahr droht, dass weiterer Vortrag wegen Verspätung zurückgewiesen wird. Der Vortrag wird im Einspruchstermin dann mangels Verspätung berücksichtigt. Auch aus Kostengründen kann die „Flucht in die Säumnis“ und das Kassieren eines VU sinnvoll sein.

Das Einspruchsverfahren

Gegen ein echtes Versäumnisurteil ist der Einspruch der statthafte Rechtsbehelf. Mangels Devolutiveffekt handelt es sich beim Einspruch gerade nicht um ein Rechtsmittel. Zulässig ist der Einspruch bei Vorliegen folgender Voraussetzungen:

- Statthaftigkeit des Einspruchs
- Einhaltung der Einspruchsfrist
- Einhaltung der Einspruchsform

Die Begründung des Einspruchs nach *§ 340 Abs. 3 ZPO* ist genauso keine Zulässigkeitsvoraussetzung wie eine Beschwer durch das Versäumnisurteil.

Statthaftigkeit: Der Einspruch ist statthaft gegen ein echtes 1. Versäumnisurteil. Ist ein solches Urteil fälschlicherweise anders bezeichnet, ist dennoch (auch) ein Einspruch statthaft - „Grundsatz der Meistbegünstigung“!

Einspruchsfrist: Die Frist zur Einlegung beträgt zwei Wochen ab Zustellung des VU. Wurde das Versäumnisurteil im schriftlichen Vorverfahren erlassen, ist die letzte Zustellung maßgeblich.

Einspruchsform: Der Einspruch muss mittels eines bestimmenden Schriftsatzes beim Prozessgericht eingelegt werden, der den Voraussetzungen des *§ 340 Abs. 1 und Abs. 2 S. 1 ZPO* entspricht.

Entscheidungen im Einspruchsverfahren

Ist der Einspruch zulässig, wird der Rechtsstreit wie vor Säumigkeit der Partei fortgesetzt und per Endurteil entschieden.

Bei Unzulässigkeit des Einspruchs wird dieser nach *§ 341 ZPO* durch Urteil zurückgewiesen.

Ergänzender Hinweis:

Abweichend vom Grundsatz bedarf es vor einem solchen Urteil keiner mündlichen Verhandlung (vgl. § 341 Abs. 2 ZPO).

Ist die Partei nach zulässigem Einspruch erneut säumig, ergeht ein 2. Versäumnisurteil. Nach Auffassung des BGH ist beim Erlass des 2. VU nicht (nochmals) zu prüfen, ob die Klage schlüssig ist.

Gegen ein 2. Versäumnisurteil ist - eingeschränkt – die Berufung das statthafte Rechtmittel, bei der lediglich geprüft wird, ob tatsächlich ein Fall der Säumnis vorlag.

Weitere Fragen im Zusammenhang mit dem Säumnis- und Einspruchsverfahren

Folgende Fragen werden im Falle einer Säumnis einer Partei ebenfalls häufig im Prüfungsgespräch erörtert:

» Warum ist gegen ein VU nicht die Berufung zulässiges Rechtsmittel?

Zwar handelt es sich bei einem Versäumnisurteil um ein Endurteil. Nach dem Wortlaut des *§ 511 Abs. 1 ZPO* wäre hiergegen die Berufung statthaft. Die gesetzliche Ausnahme hierzu findet sich aber in *§ 514 Abs. 1 ZPO*, wonach ein VU nicht mit der Berufung angefochten werden kann.

§ 514 ZPO lautet:

(1) Ein Versäumnisurteil kann von der Partei, gegen die es erlassen ist, mit der Berufung oder Anschlussberufung nicht angefochten werden.

(2) Ein Versäumnisurteil, gegen das der Einspruch an sich nicht statthaft ist, unterliegt der Berufung oder Anschlussberufung insoweit, als sie darauf gestützt wird, dass der Fall der schuldhaften Versäumung nicht vorgelegen habe. § 511 Abs. 2 ist nicht anzuwenden.

» Aus welcher Norm ergibt sich, dass ein 2. VU nur eingeschränkt überprüfbar ist?

Rechtsmittel gegen ein 2. Versäumnisurteil ist die Berufung; ein Einspruch ist unzulässig (*§ 345 ZPO*). In den Vorschriften zur Berufung ist in *§ 514 Abs. 2 ZPO* normiert, dass gegen ein solches VU zwar eine Berufung statthaft ist, mit dieser aber nur überprüft werden kann, ob ein Fall der schuldhaften Säumnis vorgelegen hat.

» Der Einspruch des Klägers gegen ein VU ist zulässig und im weiteren Verfahren wird die Begründetheit der Zahlungsklage über 4.000 Euro festgestellt. Wie lautet der Tenor des Endurteils?

Der Tenor in der Hauptsache lautet: Das Versäumnisurteil vom [...] wird aufgehoben. Der Beklagte wird verurteilt, an den Kläger 4.000 Euro [...] zu zahlen.

» Wieso muss in dem genannten Fall im Tenor überhaupt auf das ursprünglich erlassene VU gegen den Kläger eingegangen werden?

Der zulässige Einspruch gegen das Versäumnisurteil beseitigt nicht das VU, sondern verhindert lediglich dessen Rechtskraft. Würde im Tenor des Endurteils nicht auf das Versäumnisurteil eingegangen werden, würden zwei rechtskräftige Titel existieren.

Ergänzender Hinweis:

Auch wenn die Klage im Ergebnis abzuweisen wäre, müsste im Tenor – aus denselben Gründen – auf das ursprünglich erlassene VU eingegangen werden.

» Was sollte ein Anwalt vorsichtshalber zeitgleich mit der Einlegung des Einspruchs beantragen?

Gerade weil der Einspruch das Versäumnisurteil nicht beseitigt und ein VU nach *§ 708 Nr. 2 ZPO* ohne Sicherheitsleistung vorläufig vollstreckbar ist, sollte der Anwalt immer einen Antrag auf einstweilige Einstellung der Zwangsvollstreckung nach *§§ 707, 719 ZPO* stellen.

» Woraus ergibt sich laut BGH, dass beim Erlass eines 2. Versäumnisurteils nicht zu prüfen ist, ob das 1. VU in gesetzmäßiger Weise ergangen ist?

Dies ergibt sich aus einem Umkehrschluss aus *§ 700 Abs. 6 ZPO*: Danach darf ein Einspruch gegen einen Vollstreckungsbescheid – der nach *§ 700 Abs. 1 ZPO* einem für vorläufig vollstreckbar erklärten 1. Versäumnisurteil gleichsteht – durch ein 2. VU bei Säumnis nur verworfen werden, wenn die Voraussetzungen des *§ 331 ZPO* vorliegen. Eine entsprechende Vorschrift findet sich aber in der ZPO bei einem Einspruch und erneuter Säumnis der Partei nach einem 1. Versäumnisurteil nicht.

Dass vor Erlass eines 2. Versäumnisurteils nach einem Einspruch gegen einen Vollstreckungsbescheid geprüft werden muss, ob nach dem Vorbringen der Partei die Klage schlüssig ist, ist auch logisch, da im Rahmen des Erlasses eines Mahn- und Vollstreckungsbescheids – anders als beim Erlass eines 1. VU – eine solche Schlüssigkeitsprüfung noch nicht vorgenommen worden ist.

» Wo wir gerade den Vollstreckungsbescheid ansprechen: Bei welchem Gericht beantragen Sie den Erlass des dem Vollstreckungsbescheid vorausgehenden Mahnbescheids?

Die Bundesländer haben die Bearbeitung der Mahnsachen auf zentrale Mahngerichte konzentriert. Einige Bundesländer haben länderübergreifend gemeinsame Mahngerichte eingerichtet:

Baden-Württemberg:	AG Stuttgart
Bayern:	AG Coburg

Berlin:	AG Wedding
Brandenburg:	AG Wedding
Bremen:	AG Bremen
Hamburg:	AG Hamburg
Hessen:	AG Hünfeld
Mecklenburg-Vorpommern:	AG Hamburg
Niedersachsen	AG Uelzen
Nordrhein-Westfalen:	AG Euskirchen (für OLG-Bezirk Köln)
	AG Hagen (für OLG-Bezirke Düsseldorf und Hamm)
Rheinland-Pfalz:	AG Mayen
Saarland:	AG Mayen
Sachsen:	AG Aschersleben
Sachsen-Anhalt:	AG Aschersleben
Schleswig-Holstein:	AG Schleswig
Thüringen:	AG Aschersleben

Ergänzender Hinweis:

Wir verstehen zwar nicht, was die Beantwortung dieser Frage über die juristische Qualifikation der Kandidaten in der mündlichen Prüfung im

2. Examen aussagt. Aber dennoch haben wir diese Frage gleich mehrfach in Protokollen entdeckt! Natürlich reicht die Kenntnis des Mahngerichts des Bundeslandes, in dem das Referendariat und das 2. Examen absolviert werden.

Auszüge aus den Prüfungsprotokollen

» Am 24.09.2012 erging ein Versäumnisurteil gegen den Beklagten, da dieser nicht zur mündlichen Verhandlung erschienen war. Dazu die Frage: Unter welchen Voraussetzungen ergeht ein VU?

Ordnungsgemäße Ladung ...

Dazu die Zwischenfrage: Woher weiß ich als Richter denn überhaupt, dass der Beklagte ordnungsgemäß geladen wurde?

Ein Blick in die Akte genügt, denn dort sollte sich die Zustellungsurkunde befinden.

Weiter mit der Beantwortung der Ursprungsfrage:

Also ordnungsgemäße Ladung, Säumnis des Beklagten, Schlüssigkeit des Klägervortrags und Antrag auf Erlass eines Versäumnisurteils

Muss ein VU begründet werden?

Die Antwort lautet: nein

Dann wurde wieder der Fall weitergestrickt:

Am 28.09. wird das Versäumnisurteil in der Wohnung des Beklagten dem Freund des Sohnes des Beklagten übergeben. Am 08.10. erlangte der Beklagte selbst das VU. Am 22.10. legte er dann Einspruch gegen das VU ein und beantragte Wiedereinsetzung in der vorigen Stand. Dann wollte Herr XXX wissen, was denn Wiedereinsetzung in den vorigen Stand überhaupt bedeutet. Wo wird man da genau wieder eingesetzt. - In die Zeit vor der Säumnis.

Anschließend prüften wir die Zulässigkeitsvoraussetzung für den Wiedereinsetzungsantrag und danach den Einspruch. Er wollte wissen, ob denn hier eine Notfrist vorliege und woraus sich das ergebe (§ 339 ZPO).

» Was passiert, wenn im schriftlichen Vorverfahren der Beklagte seine Verteidigungsbereitschaft nicht rechtzeitig anzeigt, die Klage aber nur teilweise schlüssig ist? Es wird nicht direkt ein Teil-Versäumnis- und Endurteil ergehen, sondern zunächst ein Hinweis des Gerichts. Falls der Kläger sein Vorbringen auch daraufhin nicht schlüssig macht, wird immer noch kein Endurteil ergehen, weil sich aus § 331 III 3 ZPO ergibt, dass bei unschlüssigem Vortrag zur Hauptforderung eine mündliche Verhandlung stattfinden muss, bevor ein unechtes Versäumnisurteil ergehen kann.

☆★★★★

Zivilrecht

Thema

Klagearten und Rechtsbehelfe im Zwangsvollstreckungsverfahren

Bemerkungen

Wie schon im schriftlichen Examen spielt auch in der mündlichen Prüfung das Zwangsvollstreckungsrecht eine deutlich wichtigere Rolle als in der 1. Juristischen Staatsprüfung. Insbesondere geht es in den uns vorliegenden Protokollen immer wieder um die im Zwangsvollstreckungsrecht einschlägigen Klagearten und Rechtsbehelfe sowie deren Abgrenzung zueinander.

Übersicht über die Klagearten und Rechtsbehelfe im Zwangsvollstreckungsrecht

- Vollstreckungsgegenklage, *§ 767 ZPO*
- Drittwiderspruchsklage, *§ 771 ZPO*
- Vollstreckungserinnerung, § 766 ZPO
- Klauselerteilungsklage, *§ 731 ZPO*

- Klauselgegenklage, *§ 768 ZPO*
- Klage auf vorzugsweise Befriedigung, *§ 805 ZPO*

Ergänzender Hinweis:

Rein vom zeitlichen Ablauf der Verfahrensstadien im Zivilprozess werden natürlich zunächst die Klagearten im Klauselverfahren relevant, bevor dann die Rechtsbehelfe im Vollstreckungsverfahren eine Rolle spielen. Abweichend hiervon haben wir die Reihenfolge nach der Relevanz in der mündlichen Prüfung aufgestellt.

Auf die Darstellung der Voraussetzungen und der Standardprobleme sämtlicher Klagearten verzichten wir an dieser Stelle, da dies gerade im Hinblick auf die Vielzahl an Rechtsbehelfen den Umfang dieses Skripts sprengen würde. Die Grundlagen zu den Rechtsbehelfen sind unbedingt anhand der Aufzeichnungen zu wiederholen, die man zur Vorbereitung auf das schriftliche Examen genutzt hat.

Abgrenzung der Klagearten zueinander

Relevant ist im Rahmen mündlicher Prüfungen immer wieder die Frage nach der Abgrenzung von Vollstreckungsgegenklage, Drittwiderspruchsklage und Erinnerung zueinander.

Vollstreckungsgegenklage vs. Drittwiderspruchsklage: Die Vollstreckungsgegenklage nach *§ 767 ZPO* ist im Verhältnis zur Drittwiderspruchsklage ein aliud. So ist vor allem bei *§ 771 ZPO* im Gegensatz zur Klage nach *§ 767 ZPO* eine dritte, in der Regel bislang nicht am Verfahren beteiligte Person Kläger. Zudem macht der Kläger einer Drittwiderspruchsklage „ein die Veräußerung hinderndes Recht" (sog. Interventionsrecht) geltend, während der Kläger einer Vollstreckungsgegenklage sich auf eine materiell-rechtliche Einwendung gegen den dem Titel zugrunde liegenden Anspruch beruft.

Vollstreckungsgegenklage/Drittwiderspruchsklage vs. Erinnerung: Die Erinnerung nach *§ 766 ZPO* ist beschränkt auf Anträge, Einwendungen und Rügen, die sich gegen die Art und Weise der Zwangsvollstreckung oder das vom Vollstreckungsorgan zu beachtende Verfahren richten. Die zuvor genannten Einwendungen aus einem materiellen Recht des Schuldners oder eines Interventionsrechts des Dritten können mit dem Rechtsbehelf der Erinnerung nicht geltend gemacht werden, da das Vollstreckungsorgan für die Klärung materiell-rechtlicher Ansprüche funktionell nicht zuständig ist.

Im Einzelfall kann die Abgrenzung problematisch sein, wenn die von der Partei vorgetragene Einwendung in den Grenzbereich zweier Rechtsbehelfe fällt. Hier hilft es nur im Rahmen der Antwort auf die Frage des Prüfers nach dem statthaften Rechtsbehelf – wie zuvor ausgeführt – zunächst allgemein aufzuzeigen, wie die Rechtsbehelfe zueinander abzugrenzen sind, und anschließend Argumente vorzutragen, welche Klageart im konkreten Fall statthaft ist.

Ergänzender Hinweis:

Man muss sich in diesem Zusammenhang klarmachen, dass in manchen Fällen selbst die Gerichte untereinander nicht einer Meinung sind, welcher Rechtsbehelf einschlägig ist. In einem solchen Fall gibt es in der mündlichen Prüfung kein „Richtig" oder „Falsch", sondern nur ein „Gut argumentiert" oder „Schlecht argumentiert".

Weitere Fragen im Zusammenhang mit den zwangsvollstreckungsrechtlichen Rechtsbehelfen

Geht es in der Zivilrechtsprüfung um das Zwangsvollstreckungsrecht, werden – losgelöst vom konkret gestellten Fall – auch folgende Fragen häufig gestellt:

» Gibt es spezielle (zusätzliche) Verfahrensmaximen, die im Vollstreckungsverfahren gelten?

Neben den bereits im Zivilprozessrecht geltenden Maximen wie zB dem Dispositionsgrundsatz gelten im Zwangsvollstreckungsrecht zusätzlich der Grundsatz der Formalisierung der Zwangsvollstreckung sowie das Sozialstaatsprinzip.

Die „Formalisierung der Zwangsvollstreckung“ bringt zum Ausdruck, dass die Vollstreckungsorgane keine eigene materiellrechtliche Prüfung vornehmen sollen. Vielmehr beschränkt sich deren Aufgabe in der Feststellung der leicht feststellbaren formalen Voraussetzungen der Vollstreckung.

Die Geltung des Sozialstaatsprinzips im Rahmen der Zwangsvollstreckung ist insbesondere daran zu erkennen, dass das Schuldnervermögen in einem grundlegenden Teil dem Zugriff der Gläubiger entzogen ist (zB nach *§§ 850 ff. ZPO*).

» Was sind die allgemeinen Voraussetzungen einer Vollstreckung?

Zu den allgemeinen Voraussetzungen jeder Zwangsvollstreckung zählen:

- Vorliegen eines vollstreckungsfähigen Titels
- Vorliegen einer Klausel
- Zustellung des Titels
- Antrag des Gläubigers
- Nichtbestehen von Vollstreckungshindernissen

Hinzu kommen jeweils weitere besondere Voraussetzungen, je nachdem welche Art der Vollstreckung vorliegt.

»Nennen Sie Beispiele für vollstreckungsfähige Titel!

Neben einem Urteil sind auch Prozessvergleiche, Kostenfestsetzungsbeschlüsse und Vollstreckungsbescheide Titel, die Grundlage der Zwangsvollstreckung sein können. Darüber hinaus sind auch notarielle Urkunden Titel, sofern der Schuldner sich in dieser Urkunde der sofortigen Zwangsvollstreckung unterworfen hat.

Ergänzender Hinweis:

Jeder Referendar sollte wissen, dass diese (weiteren) Vollstreckungstitel in § 794 ZPO aufgelistet sind. Bei solchen Basics kommt es aber in einer mündlichen Prüfung schlecht an, wenn man zunächst diesen Paragrafen aufschlagen muss, um auf die Frage nach den vollstreckungsfähigen Titeln antworten zu können. Diese muss man auch ohne Nachschlagen kennen und nennen können!

» *Welche Vollstreckungsorgane kennen Sie und für welche Art der Vollstreckung ist das jeweilige Organ zuständig?*

Gerichtsvollzieher: Er ist das zuständige Vollstreckungsorgan, soweit die Vollstreckung nicht den Gerichten zugewiesen ist (vgl. *§ 753 Abs. 1 ZPO*). Konkret ist der Gerichtsvollzieher das zuständige Organ bei der Vollstreckung in bewegliche Sachen wegen einer Geldforderung.

Vollstreckungsgericht: Das Vollstreckungsgericht ist in der Regel das Amtsgericht und zuständig für die Vollstreckung wegen Geldforderungen in Forderungen und andere Vermögensrechte.

Prozessgericht: Das Prozessgericht des ersten Rechtszugs ist das zuständige Vollstreckungsorgan in den Fällen der *§§ 887, 888, 890 ZPO* – also bei der Vollstreckung von vertretbaren und unvertretbaren Handlungen sowie der Erzwingung von Unterlassungen oder Duldungen.

Grundbuchamt: Das Grundbuchamt des Amtsgerichts ist zuständiges Vollstreckungsorgan in den Fällen der *§§ 866, 867 ZPO*.

» *Was ist überhaupt eine Vollstreckungsklausel?*

Die Vollstreckungsklausel ist notwendiger Bestandteil der vollstreckbaren Ausfertigung des Urteils und hat den in *§ 725 ZPO* genannten Wortlaut. Die vollstreckbare Ausfertigung des Urteils – inklusive der in ihr enthaltenden Klausel – bezeugt das Bestehen und die Vollstreckungsreife des Titels.

» Welche Klauselarten gibt es und wodurch unterscheiden sie sich?

Man unterscheidet zwischen einfachen (*§ 724 ZPO*) und qualifizierten (*§§ 726-729, 738, 742, 744 ZPO*) Klauseln. Eine qualifizierte Klausel ist also immer dann erforderlich, wenn das Gesetz besondere Erteilungsvoraussetzungen aufstellt – so zB bei einer Vollstreckung Zug-um-Zug (*§ 726 ZPO*) und bei einer Ausstellung der vollstreckbaren Ausfertigung für und gegen Rechtsnachfolger (*§ 727 ZPO*).

» Wer ist für die Erteilung der vollstreckbaren Ausfertigungen zuständig?

Einfache Klauseln erteilt der Urkundsbeamte der Geschäftsstelle, während die qualifizierten Klauseln gemäß *§ 20 Abs. 1 Nr. 12 RPflG* vom Rechtspfleger erteilt werden.

» Was ist das Rechtsschutzziel einer Vollstreckungsgegenklage?

Die Klage nach *§ 767 ZPO* richtet sich nicht gegen die Rechtskraft des Urteils. Ziel ist auch nicht, die Unwirksamkeit des Titels geltend zu machen. Vielmehr ist Ziel der Vollstreckungsgegenklage die Beseitigung der Vollstreckbarkeit des Titels. Dementsprechend ist Tenor einer begründeten Klage nach *§ 767 ZPO*: „Die Zwangsvollstreckung aus dem Urteil [....] wird für unzulässig erklärt".

» Der Schuldner wendet bei einer Vollstreckung ein, der Vollstreckungsgläubiger habe bei einer Zug-um-Zug-Verurteilung seine Leistung nicht mangelfrei erbracht. Wie kann der Schuldner hiergegen vorgehen?

Beim Einwand der Mangelhaftigkeit der Leistung handelt es sich um einen materiell-rechtlichen Einwand. Der Schuldner muss eine Vollstreckungsgegenklage erheben, um diesen Einwand geltend zu machen.

» Wie ist der Fall zu beurteilen, wenn der Schuldner vorbringt, die titulierte Gegenleistung sei gar nicht erbracht worden oder die angebotene Leistung entspreche nicht mit der im Titel genannten Leistung?

Es ist Aufgabe des Gerichtsvollziehers, bei einer Zwangsvollstreckung gemäß *§ 756 ZPO*, der eine Zug-um-Zug-Verurteilung zugrunde liegt, zu prüfen, ob die angebotene Gegenleistung identisch und vollständig ist. Die Rüge des Schuldners betrifft demnach das vom Vollstreckungsorgan zu beachtende Verfahren. Hiergegen ist nicht die Vollstreckungsgegenklage, sondern die Erinnerung statthafter Rechtsbehelf.

Auszüge aus den Prüfungsprotokollen

» G hat nun einen Titel über die gesamten 3.800 Euro ggü. der F erlangt. Was macht er jetzt (jetzt kamen Grundzüge ZV-Recht).

Was benötigt man zur ZV? Titel, Klausel, Zustellung, Antrag. Worein könnte er vollstrecken? Wegen Geld, in Forderungen, körperliche Ggst., sonstige Rechte oder Grundstücke. Welche Arten von ZV in Grundstücke gibt es. Zwangsversteigerung, Zwangshypothek, Zwangsverwaltung. Wer ist zuständig bei allen ZV-Arten?

Welche Titel gibt es? §§ 704, 794. Ist § 704 oder § 794 besser für den ZV-Gläubiger? 794. Da die Zwangsvollstreckung aus Endurteilen erst stattfindet, wenn diese rechtskräftig oder für vorläufig vollstreckbar erklärt sind, während aus den Titeln des § 794 ZPO diese Voraussetzungen nicht erfüllt werden müssen. Was ist Unterschied zwischen Anwaltsvergleich und Prozessvergleich und kann man aus einem Anwaltsvergleich auch vollstrecken, d.h. ist es ein Titel? Ja, sofern man Vollstreckbarerklärung des Gerichts einholt, § 796 a, b ZPO ("neue Vorschrift"). Warum war eine solche Norm vor ca. 50 Jahren noch undenkbar. Gerichte/Staat geben damit Macht ab, früher nicht üblich.

★★★★★

Zivilrecht

Thema

Materielles Zivilrecht

Bemerkungen

Das materielle Recht bleibt auch in der mündlichen Zivilrechtsprüfung überragend wichtig, sodass wir die Wichtigkeit dieses Themas eigentlich mit 6 von 5 möglichen Sternen bewerten müssten. Denn Grundlage der Prüfung sind – ggf. nach ein paar abstrakten Fragen zum Aufwärmen – mehrere vom Prüfer gebildete Fälle, die zwar in der Regel prozessrechtliche Probleme enthalten, aber in erster Linie materiell-rechtlich durch die Kandidaten zu lösen sind. Ein erheblicher Teil der Prüfungsleistung der Prüflinge besteht demnach darin, dass materielle Zivilrecht zu beherrschen und auf den Fall anzuwenden.

Aufgrund der enormen thematischen Bandbreite des materiellen Zivilrechts kann eine Auswertung der Protokolle nicht zu Standardfragen führen, die auffällig oft in der mündlichen Prüfung gestellt werden. Solche Fragen im Folgenden aufzulisten und zu erörtern wäre irreführend und unseriös! Wir beschränken und daher darauf, Dir im Folgenden grundlegende Tipps und Hinweise zur Vorbereitung auf das materielle Recht für Deine mündliche Prüfung zu geben.

Grundlagen beherrschen

Unabhängig davon, welches Rechtsgebiet Gegenstand der Prüfung ist, ist bei der Auswertung der Protokolle eindeutig festzustellen, dass die gestellten Fälle jeweils mit Grundlagenkenntnissen zu lösen sind. Nahezu nie werden vom Prüfer detaillierte Kenntnisse zu einem Spezialproblem (zb zum gutgläubigen Erwerb einer forderungsentkleideten Hypothek o. ä.) erwartet. Vielmehr weiß der Prüfer, dass es vom Zufall abhängt, ob einer der Kandidaten die Antwort auf eine solche Spezialfrage aus dem Stegreif kennt. Ist dies nicht der Fall, endet die Prüfung in einem wilden Geblätter in den Gesetzestexten, was ebenso wenig Ziel des Prüfers ist. Derartiges Spezialwissen kann zwar zum Gegenstand von Klausuren im 2. Examen gemacht werden, da den Kandidaten zumindest die Kommentare als Hilfsmittel zur Verfügung stehen. Für die mündliche Prüfung sind solche Fragen aber ungeeignet.

Zur Vorbereitung auf die mündliche Prüfung sollte man sich aus diesem Grund unbedingt darauf konzentrieren, nur die Grundlagen der Rechtsgebiete zu wiederholen.

Hauptaugenmerk auf praxisrelevante Rechtsgebiete

Prüfer im 2. Examen sind in aller Regel ausschließlich Praktiker, das heißt Richter, Staatsanwälte, Rechtsanwälte, Ministerialdirektoren, usw. Es ist absolut naheliegend, dass diese insbesondere Fälle aus Rechtsgebieten zum Gegenstand ihrer Prüfung machen, mit denen sie sich in ihrer täglichen Arbeit beschäftigen. Dementsprechend kann man nach der Auswertung der Protokolle in jedem Fall festhalten, dass gerade die praxisrelevanten Rechtsgebiete sehr häufig in materieller Hinsicht Gegenstand der mündlichen Prüfung sind. Hierzu zählen im Zivilrecht insbesondere das Kaufrecht, das Mietrecht, das Werkvertragsrecht, das Verkehrsrecht, das Reisevertragsrecht sowie die Basics des BGB AT und des Schuldrechts AT. Zivilrechtliche Nebengebiete wie das Familien- und Erbrecht, das Arbeitsrecht sowie das Handels- und Gesellschaftsrecht sind zwar ebenfalls insbesondere für Rechtsanwälte sehr praxisrelevant, kommen aber als Gegenstand in der mündlichen Prüfung deutlich seltener vor.

Ergänzender Hinweis:

Etwas anderes gilt natürlich dann, wenn man in der mündlichen Prüfung – wie es zumindest in einigen Ländern vorgesehen ist – auch in einem Wahlfach/Schwerpunkt geprüft wird und dieses Wahlfach gerade zivilrechtliche Nebengebiete umfasst.

Gerade wenn die Zeit bis zur mündlichen Prüfung eng wird, sollte man das Hauptaugenmerk auf das Wiederholen der genannten praxisrelevanten Rechtsgebiete legen. Darüber hinaus ist es natürlich optimal, wenn man aus der Person des Prüfers, dessen Namen man in der Ladung mitgeteilt bekommt, Rückschlüsse auf mögliche Inhalte der Prüfung in materiell-rechtlicher Sicht erhält. Hierzu bieten sich drei Wege an:

Auswertung der Prüferprotokolle

Zunächst geben oftmals die Protokolle zu den Prüfern Aufschluss darüber, welche Rechtsgebiete der Prüfer regelmäßig zum Gegenstand seiner Prüfungen macht (Stichwort: „Protokollfestigkeit“).

Wenn Du dieses Skript liest, hast Du womöglich die Protokolle bereits auf unserer Seite bestellt; anderenfalls solltest Du umgehend nach Erhalt der Ladung die Protokolle Deiner Prüfer auf www.protokolle-assessorexamen.de bestellen und durcharbeiten!

Wichtig dabei ist festzuhalten, dass man zwar oft Tendenzen erkennt, welche Rechts- und Themengebiete ein Prüfer bevorzugt prüft. Dennoch sollte man keinesfalls die Vorbereitung auf die mündliche Prüfung auf diese Gebiete beschränken und im Übrigen „auf Lücke lernen". Jede Regel hat bekanntlich auch ihre Ausnahme. Und die mündliche Prüfung des 2. Examens ist viel zu wichtig, als dass man hier auf Risiko gehen sollte.

Schließlich sei noch auf Folgendes hingewiesen: Prüfer wissen oftmals, was über sie in den Protokollen steht und ob sie als „protokollfest" bezeichnet werden. Auch wir bekommen regelmäßig Anfragen von Prüfern mit der Bitte, ihnen die über sie vorhandenen Protokolle zuzusenden. Dieser Bitte kommen wir natürlich nach. Zum einen ist es nur fair, den Prüfern mitzuteilen, was ehemalige Kandidaten ihrer mündlichen Prüfungen über sie und ihren Stil denken. Zum anderen besteht so auch die Möglichkeit, dass die Prüfer Kritikpunkte – wie zB die Unstrukturiertheit der Prüfung o. ä. – aufgreifen und in den nächsten Prüfungen abstellen; hiervon profitieren auch die Referendare.

In jedem Fall wissen die Prüfer oftmals, dass sie als (vermeintlich) protokollfest gelten. Daher liest man auch das ein oder andere Mal, dass der Prüfer zu Anfang auf die eigene Protokollfestigkeit anspricht, aber anschließend verkündet, an dem heutigen Prüfungstag mal etwas anderes zu prüfen! Wer sich in der Vorbereitung ausschließlich auf die Themengebiete konzentriert hat, die in den Protokollen erwähnt wurden, bekommt spätestens jetzt einen Schweißausbruch.

Einholen weiterer Informationen zur Tätigkeit des Prüfers

Natürlich ist es auch anzuraten, den Prüfer zu googlen und in Erfahrung zu bringen, mit welchen Rechtsgebieten sich der Prüfer hauptsächlich beschäftigt. Bei Richtern sollte man sich den – regelmäßig auf der Internetseite des Gerichts abrufbaren – Geschäftsverteilungsplan anschauen; bei Staatsanwälten als Prüfer ist es durchaus legitim, durch einen Anruf bei der Staatsanwaltschaft in Erfahrung zu bringen, in welcher Abteilung dieser tätig ist; bei Rechtsanwälten lohnt natürlich immer ein Blick auf die Homepage der Kanzlei, um zu erfahren, ob der Anwalt Fachanwaltstitel besitzt bzw. welche Rechtsgebiete zu seinen Tätigkeitsschwerpunkten zählen.

In diesem Zusammenhang muss man sich nämlich verdeutlichen, dass die Prüfer nicht nur Praktiker, sondern auch pragmatisch sind! Wieso sollte ein Prüfer, der derzeit einige Verkehrsrechtssachen zu bearbeiten hat, einen Sachverhalt aus einem ganz anderen Rechtsgebiet für die Prüfung vorbereiten? Die Auswertung der Protokolle zeigt vielmehr: In aller Regel stellen Prüfer die Fälle, die sie derzeit als Richter / Staatsanwalt / Rechtsanwalt selbst auf dem Schreibtisch haben oder auf die sie bei der Lektüre aktueller Rechtspolitik oder Rechtsprechung gestoßen sind!

Befassen mit aktueller Rechtsprechung

Dies führt uns gleich zum dritten Punkt, wie man auf materiell-rechtlich Relevantes für die eigene mündliche Prüfung kommt: Gerade weil in gut der Hälfte aller mündlichen Prüfungen (!) aktuelle Urteile oder rechtspolitische Diskussionen zum Gegenstand gemacht werden, muss man sich auch unbedingt mit der neueren, examensrelevanten Rechtsprechung beschäftigen!

Wir helfen Dir dabei, indem wir tagesaktuell alle bei uns eingereichten Protokolle daraufhin überprüfen, ob den in der Prüfung behandelten Sachverhalten aktuelle Urteile oder rechtspolitische Diskussionen zugrunde liegen, und diese examensrelevante Rechtsprechung dann für Dich aufbereiten. Das Ergebnis findest Du im Insider-Dossier „Aktuelle Rechtsprechung in der mündlichen Prüfung im 2. Examen“, das als Ebook für Besteller der Protokolle auf unserer Seite zum Download bereitsteht.

☆☆★★★

Zivilrecht

Thema

Prüfungsgespräch mit weiteren Fragen aus dem Zivilrecht

Bemerkungen

Im Folgenden möchten wir im Stile eines Prüfungsgesprächs noch auf weitere Themen eingehen, auf die wir im Rahmen unserer Auswertung der Protokolle gestoßen sind. Diese Fragen und Themen waren zwar das ein oder andere Mal Gegenstand der mündlichen Zivilrechtsprüfung; sie kamen aber nicht derart oft vor, dass es unserer Ansicht nach angebracht gewesen wäre, diese ebenso umfangreich darzustellen, wie die zuvor behandelten Themen. Dies ändert aber nichts daran, dass man sich zur optimalen Vorbereitung auf die mündliche Prüfung auch mit den folgenden Fragen sorgfältig beschäftigen sollte!

» Fall 1: Ein Mandant betritt die Kanzlei und berichtet, dass er vom X aus einem Darlehensvertrag noch 3.000 Euro bekommt. Er möchte schnellstmöglich einen Titel erlangen, um vollstrecken zu können. Was raten Sie ihm?

Haben außergerichtliche Einigungsversuche keinen Erfolg gebracht, bietet sich das Mahnverfahren nach den *§§ 688 ff. ZPO* an, um schnellstmöglich einen Vollstreckungsbescheid als Titel zu erwirken. Statthaft ist das Mahnverfahren immer dann, wenn ein Anspruch geltend gemacht wird, der die Zahlung einer Geldsumme in Euro zum Gegenstand hat (*§ 688 Abs. 1 ZPO*).

» Angenommen die 3.000 Euro wären der Kaufpreis für einen PKW des Mandanten. Der Mandant hat den PKW noch nicht an den Gegner übergeben. Wäre auch dann das Mahnverfahren statthaft?

Nein. Wenn der Zahlungsanspruch noch von einer zu erbringenden Gegenleistung abhängt, ist das Mahnverfahren nach *§ 688 Abs. 2 Nr. 2 ZPO* nicht zulässig.

» Zurück zum ursprünglichen Fall: Welche Möglichkeiten hat nun der Schuldner, dem der Mahnbescheid zugestellt wurde?

Der Schuldner hat eine Frist von 2 Wochen ab Zustellung des Mahnbescheids, Widerspruch gegen diesen einzulegen. Macht er dies, so wird unser Mandant über diesen Widerspruch in Kenntnis gesetzt (*§ 695 ZPO*). Der Mandant hat dann die Möglichkeit, die Durchführung eines streitigen Verfahrens zu beantragen. Die Rechtssache wird dann an das im Mahnantrag bezeichnete Gericht abgegeben.

Ergänzender Hinweis:

Der Antrag, im Falle des Widerspruchs durch den Schuldner das streitige Verfahren durchzuführen, kann auch bereits im Mahnantrag aufgenommen werden, vgl. § 696 Abs. 1 S. 2 ZPO.

Unternimmt der Schuldner nichts, wird auf Antrag unseres Mandanten gemäß *§ 699 Abs. 1 ZPO* ein Vollstreckungsbescheid erlassen. Auf Grundlage dieses Vollstreckungsbescheids kann dann die Zwangsvollstreckung durchgeführt werden, sofern der Schuldner gegen den Vollstreckungsbescheid nicht Einspruch eingelegt hat.

» *Gehen Sie davon aus, dass der Schuldner Widerspruch eingelegt hat. Das nun zuständige Amtsgericht hat die Sache – nach Durchführung des schriftlichen Vorverfahrens – terminiert. Beginnt nach Aufruf der Sache direkt die streitige Verhandlung?*

Nein. Vor einer streitigen Verhandlung ist nach *§ 278 Abs. 2 ZPO* regelmäßig der Versuch einer gütlichen Beilegung des Rechtsstreits zu unternehmen, die sogenannte Güteverhandlung.

» *Die Güteverhandlung war erfolglos. Wie geht es nun weiter?*

Nach der Güteverhandlung folgt die streitige Verhandlung. Der Beschleunigungsgrundsatz gebietet es, dass eine Rechtssache grundsätzlich in einem Haupttermin zur Entscheidungsreife gebracht wird. Dementsprechend schließt sich an die streitige Verhandlung unmittelbar eine ggf. durchzuführende Beweisaufnahme an.

Ergänzender Hinweis:

Der Richter hat aus diesem Grund gemäß § 273 Abs. 2 ZPO vorbereitend zum Termin von den Parteien benannte Zeugen zu laden.

» *Wo wir gerade bei der Beweisaufnahme sind: Welche Beweismittel kennt die Zivilprozessordnung?*

S = Sachverständigenbeweis

A = Augenscheinsbeweis

P = Beweis durch Parteivernehmung

U = Urkundsbeweis

Z = Beweis durch Zeugen

A = Beweis durch amtliche Auskunft

Darüber hinausgehende Beweismittel gibt es nicht („Strengbeweisverfahren").

» *Versetzen Sie sich in die Lage des Beklagten, der nach der Beweisaufnahme erkennt, dass er sich nicht erfolgreich gegen die Klage verteidigen können wird. Was ist diesem anzuraten?*

Der Beklagte sollte aus Kostengründen nicht ein streitiges Urteil kassieren, sondern das Verfahren vorzeitig beenden. Hätte der Beklagte bereits vor der mündlichen Verhandlung die Aussichtslosigkeit seiner Verteidigung erkannt, hätte er die 3.000 Euro an den Kläger überweisen und dann auf eine übereinstimmende Erledigungserklärung oder Rücknahme der Klage durch den Kläger hinwirken können. Wenn er – wie in dem vorliegenden Fall – erst im Haupttermin sich zu einer vorzeitigen Beendigung des Rechtsstreits aus Kostengründen entschließt, bieten sich als Möglichkeiten noch an: Die Flucht in die Säumnis sowie ein sofortiges Anerkenntnis gemäß *§ 93 ZPO*.

» *Kann der Beklagte nicht auch eine einseitige Erledigungserklärung abgeben?*

Das ist nicht möglich; nur der Kläger kann den Streitgegenstand bestimmen und über ihn verfügen.

» *Der Beklagte unternimmt nichts, sondern kassiert letztlich ein streitiges Urteil. Wie viele Titel erlangen Sie als Kläger nach diesem für Sie erfolgreichen Prozess?*

Man erlangt 2 Titel: Zum einen das Urteil als Titel in der Hauptsache und als Grundlage für die Vollstreckung der 3.000 Euro. Zum anderen den Kostenfeststellungsbeschluss nach den *§§ 103 ff. ZPO*, der die Höhe der Prozesskosten tituliert.

» *Wenn der Beklagte gegen das Urteil keine Rechtsmittel einlegt, wird das Urteil bekanntlich rechtskräftig. Was versteht man unter Rechtskraft?*

Man unterscheidet die formelle und materielle Rechtskraft einer Entscheidung:

Formell rechtskräftig sind gemäß *§ 705 ZPO* Entscheidungen, welche mit einem ordentlichen Rechtsmittel nicht mehr angefochten werden können.

Die formelle Rechtskraft ist Voraussetzung für die materielle Rechtskraft. Die Wirkung der materiellen Rechtskraft (*§ 322 ZPO*) kommt darin zum Ausdruck, dass eine neue Verhandlung über denselben Streitgegenstand ausgeschlossen ist.

Ergänzender Hinweis:

Die Rechtskraft ist zudem in objektiver und subjektiver Hinsicht begrenzt: Objektiv rechtskräftig wird allein der Ausspruch des Gerichtes über den Streitgegenstand in der Urteilsformel. Subjektiv wirkt das Urteil nur inter partes, das heißt für oder gegen die Parteien des jeweiligen Rechtsstreits (vgl. § 325 Abs. 1 ZPO).

» *Abschließende Frage hierzu: Sie verwenden im Zusammenhang mit der Rechtskraftwirkung den Begriff Streitgegenstand. Wie bestimmt sich der Streitgegenstand?*

Nach der vorherrschenden Auffassung ist der Streitgegenstand zweigliedrig zu bestimmen: Zum einen anhand des Klageantrags und zum anderen anhand des der Klage zugrundeliegenden Lebenssachverhalts. Gesetzliche Grundlage für die Zweigliedrigkeit der Bestimmung des Streitgegenstandes ist *§ 253 Abs. 2 Nr. 2 ZPO.*

» Fall 2: Auf dem Nachhauseweg von Ihrer Kanzlei müssen Sie an einer Ampel abbremsen. Der hinter Ihnen Fahrende X bemerkt dies zu spät und fährt auf. Welche Informationen sind zunächst einmal für eine spätere Klage – falls eine Einigung auf anderem Wege scheitert – erforderlich?

Essentielle Information sind der Name und die Anschrift des Unfallbeteiligten sowie die Information, bei welcher Versicherung der Gegner versichert ist.

Ergänzender Hinweis:

Verzichten die Beteiligten auf das Erscheinen der Polizei, sollte man sich das Kennzeichen des gegnerischen KFZ notieren. Der Fahrzeughalter ergibt sich aus dem Fahrzeugschein; die Personalien des Fahrers sollte man sich durch Vorlage des Ausweises bestätigen lassen.

» Im Rahmen der Aufklärung ergibt sich, dass Y der Halter des Fahrzeugs ist und dieser das KFZ bei der Versicherung Z versichert hat. Gegen wen sollte Klage erhoben werden und woraus ergibt sich jeweils die Haftung?

Im Falle einer Klage sollte diese gegen X als Fahrer, Y als Halter und Z als Versicherung erhoben werden. Würde man die Klageerhebung auf Y und Z beschränken, könnte der X in dem Verfahren als Zeuge vernommen werden, was so vermieden wird.

Die Haftung des X als Fahrer ergibt sich aus *§ 18 Abs. 1 S. 1 StVG*; die Anspruchsgrundlage gegenüber dem Y als Halter des Fahrzeugs ist *§ 7 Abs. 1 StVG*. Der Haftpflichtversicherer haftet nach

§ 115 VVG. Gemäß *§ 115 Abs. 1 S. 4 VVG* haften die Beteiligten gesamtschuldnerisch.

» *Könnte die Aussage des X nicht auch dann als Beweis im Prozess dienen, wenn er mitverklagt worden ist?*

Das wäre nur im Rahmen einer Parteivernehmung nach den *§§ 445 ff. ZPO* möglich. Dies würde jedoch grundsätzlich das Einverständnis des Gegners – also unser Einverständnis – voraussetzen, *§ 447 ZPO*.

» *Zurück zum Fall: Sie haben bei dem Auffahrunfall ein Schleudertrauma erlitten und möchten nun Schmerzensgeld geltend machen. Müssen Sie diesen Anspruch bereits bei Klageerhebung beziffern?*

Nein. Insbesondere bei Klagen auf Schmerzensgeld kommt ein unbezifferter Klageantrag nach *§ 287 Abs. 2 ZPO* in Betracht. Dies hat den Vorteil, dass das Gericht bei der Bemessung des Schmerzensgelds nicht in der Höhe beschränkt ist.

» *Fall 3: Eine Mandantin kommt zu Ihnen in die Kanzlei und berichtet, dass es nach der Renovierung des Bads zu Schimmelbildung gekommen ist. An den Arbeiten waren zwei Handwerker beteiligt, die die Verantwortung dafür auf den jeweils anderen schieben. Im Rahmen der erforderlichen Aufklärung über die Kosten „beichtet" die Mandantin, sich eigentlich einen Anwalt gar nicht leisten zu können. Was ist ihr zu raten?*

Im vorprozessualen Verfahren hat die Mandantin die Möglichkeit, Beratungshilfe zu beantragen (vgl. *§ 1 BerHG*). Dazu ist ein Antrag beim zuständigen Amtsgericht zu stellen. Das Amtsgericht stellt dann einen Beratungsschein aus.

Für das gerichtliche Verfahren sollte die Mandantin einen Antrag auf Prozesskostenhilfe stellen. Voraussetzungen für die Bewilligung von PKH sind nach *§ 114 ZPO*

- hinreichende Aussicht auf Erfolg der Klage,
- persönliche und wirtschaftliche Bedürftigkeit und
- keine Mutwilligkeit der Rechtsverfolgung.

Ein Beispiel für Mutwilligkeit im Sinne des *§ 114 Abs. 2 ZPO* ist das Erheben einer Klage, obwohl die Forderung nicht bestritten wird und das Mahnverfahren zur Erlangung eines Titels möglich ist.

Ergänzender Hinweis:

Die Mandantin ist unbedingt darauf hinzuweisen, dass sie gemäß § 123 ZPO trotz PKH die Kosten des Gegners zu tragen hat, falls sie die Klage verliert!

» Zurück zum eigentlichen Fall: Welche prozessualen Besonderheiten fallen Ihnen als gut ausgebildetem Anwalt ein, die sich bei dem geschilderten Fall geradezu aufdrängen?

Zum einen ist es der Mandantin unzumutbar, den Schimmel weiter in ihrem Bad zu dulden, auch wenn dieser gerade der Beweis dafür ist, dass die Leistung von einem der Handwerker mangelhaft war. Es ist daher an ein selbständiges Beweisverfahren nach den *§§ 485 ff. ZPO* zu denken. Danach kann auf Antrag – während oder außerhalb eines Rechtsstreits – eine Beweisaufnahme zB durch Einholung eines Sachverständigengutachtens oder Inaugenscheinnahme durchgeführt werden, um notwendige Beweise zu sichern.

Zum anderen kommt im vorliegenden Fall eine Streitverkündung nach den *§§ 72 ff. ZPO* in Betracht. Nachdem vorprozessual beide Handwerker vergeblich zur Beseitigung des Mangels aufgefordert wurden, ist es für die Mandantin ratsam, einen der beiden Handwerker zu verklagen und dem anderen Handwerker den Streit zu verkünden. Materiell-rechtliche Wirkung der Streitverkündung ist die Hemmung der Verjährung. Prozessuale Wirkung ist der Eintritt der Nebeninterventionswirkung entsprechend *§ 68 ZPO*: Der Handwerker, dem der Streit verkündet wurde, kann in einem Folgeprozess nicht zulasten unserer Mandantin einwenden, die tatsächlichen und rechtlichen Feststellungen im vorangegangenen Prozess seien falsch.

» Fall 4: Ein Journalist betritt die Kanzlei und legt eine einstweilige Verfügung vor, die es ihm untersagt, einen angekündigten Artikel tatsächlich zu veröffentlichen. Was ist eine einstweilige Verfügung?

Eine einstweilige Verfügung ist eine Art des einstweiligen Rechtsschutzes im Zivilprozess. Daneben gibt es noch den sogenannten Arrest.

Ergänzender Hinweis:

Der einstweilige Rechtsschutz war in den von uns durchgesehenen Protokollen äußerst selten Gegenstand der Prüfung. Dennoch empfehlen wir, die §§ 916 ff. ZPO zur Vorbereitung einmal zu lesen.

In der Praxis haben einstweilige Verfügungen insbesondere im Wettbewerbsrecht eine hohe Relevanz!

Der Arrest dient der Sicherung der Zwangsvollstreckung wegen eines Anspruchs, der auf die Zahlung von Geld gerichtet ist (*§ 916 ZPO*); die einstweilige Verfügung dient dagegen der vorläufigen Sicherung der Vollstreckung sonstiger Ansprüche wie zB von Ansprüchen auf Herausgabe oder – wie vorliegend – auf Unterlassung (*§ 935 ZPO*).

» *Welche Möglichkeit hat der Mandant, gegen die einstweilige Verfügung vorzugehen?*

Nach den *§§ 936, 924, 925 ZPO* besteht die Möglichkeit Widerspruch bzw. Berufung einzulegen.

» *Nehmen Sie an, der Journalist befürchtet lediglich, dass gegen seine Berichterstattung in Kürze eine einstweilige Verfügung erwirkt werden soll. Kann er bereits jetzt rechtlich etwas unternehmen?*

Es besteht dann die Möglichkeit, bei dem voraussichtlich für den Erlass der einstweiligen Verfügung zuständigen Gericht eine sogenannte Schutzschrift zu hinterlegen. Die Schutzschrift ist ein vorbeugendes Verteidigungsmittel mit dem Ziel, dass entweder gar keine einstweilige Verfügung erlassen wird oder dass das Gericht zumindest eine solche nicht ohne mündliche Verhandlung hierzu erlässt.

» Gibt es eine gesetzliche Regelung zur Schutzschrift?

Ja. Nachdem die Möglichkeit der Hinterlegung einer Schutzschrift lange Zeit zwar nicht gesetzlich geregelt war, aber dennoch für zulässig erachtet wurde, findet sich seit Ende 2013 eine ausdrückliche Regelung in *§ 945a ZPO*. Danach wird durch die Landesjustizverwaltung ein zentrales Schutzschriftregister geführt. Schutzschriften werden für einen Zeitraum von 6 Monaten für die Gerichte bereitgehalten. Dabei gilt eine Schutzschrift mit Einstellung in das Register als bei allen ordentlichen Gerichten der Länder eingereicht; man muss also – anders als früher – nicht bei jedem möglicherweise zuständigen Gericht eine Schutzschrift hinterlegen (vgl. *§ 945a Abs. 2 ZPO*).

Ergänzender Hinweis:

Natürliche Personen können Schutzschriften aber auch weiterhin bei einzelnen Gerichten einreichen. Die Nutzung des Schutzschriftenregisters ist also nicht zwingend.

★★★★★

Strafrecht

Thema

Zuständigkeiten, Instanzenzug und Besetzung der Gerichte im Strafprozess

Bemerkungen

Kandidaten in der mündlichen Prüfung lieben Prüfer, die sich als protokollfest erweisen. In einem Punkt sind aber nahezu alle Strafrechtsprüfer protokollfest. Es war schwierig für uns, Protokolle zu strafrechtlichen Prüfungen zu finden, in denen die Zuständigkeit, der Instanzenzug und / oder die Besetzung der einzelnen Spruchkörper nicht abgefragt wurden.

Schwächen in diesem Bereich darf man sich also auf keinen Fall leisten. Denn egal welche Straftatbestände in materiellrechtlicher Hinsicht Thema der Prüfung sind bzw. welche Fälle der Prüfer von den Kandidaten lösen lässt: Am Ende der Prüfung bietet sich stets die Frage an, wo nun Anklage zu erheben ist und in welcher Besetzung das Gericht anschließend entscheidet. Alternativ hierzu haben wir das Thema Instanzenzug / Zuständigkeiten im Strafprozess in den uns vorliegenden Protokollen aber auch häufig als Einstieg in die Strafrechtsprüfung „zum Aufwärmen" gefunden.

Zuständigkeit 1. Instanz

Nach den Zuständigkeitsvorschriften des GVG ist grundsätzlich die (große) Strafkammer des Landgerichts erstinstanzlich für Verbrechen zuständig, wenn nicht abweichend hiervon das Amtsgericht oder Oberlandesgericht zuständig ist (*§ 74 GVG*). Bei den in *§ 74 Abs. 2 GVG* genannten Verbrechen wie zum Beispiel Totschlag oder Raub mit Todesfolge ist die Strafkammer als sogenanntes Schwurgericht zuständig.

Besetzung der Strafkammern des Landgerichts: Gemäß *§ 76 Abs. 2 S. 4 GVG* grundsätzlich 2 Berufsrichter einschließlich des Vorsitzenden sowie 2 Schöffen. Nur wenn insbesondere nach dem Umfang oder der Schwierigkeit der Sache die Mitwirkung eines dritten Berufsrichters notwendig erscheint, besteht die Strafkammer aus 3 Berufsrichtern und 2 Schöffen. Ist die Strafkammer als Schwurgericht tätig, ist die Besetzung immer 3 Berufsrichter und 2 Schöffen.

Abweichend von dem oben genannten Grundsatz ist der Strafrichter am Amtsgericht zuständig für Vergehen mit einer Straferwartung von bis zu zwei Jahren. Bei Vergehen oder Verbrechen mit einer Straferwartung von zwei bis vier Jahren ist das Schöffengericht beim Amtsgericht erstinstanzlich zuständig.

Besetzung des Schöffengerichts beim Amtsgericht: Gemäß *§ 29 GVG* besteht das Schöffengericht aus dem Richter beim Amtsgericht als Vorsitzenden und zwei Schöffen.

Lediglich für die in *§ 120 GVG* genannten Katalogstraftaten bzw. in den Fällen, in denen wegen der Bedeutung der Sache der Generalbundesanwalt die Verfolgung der Straftat übernimmt, sind die Oberlandesgerichte in der 1. Instanz zuständig.

Ergänzender Hinweis:

Ein Beispiel für die erstinstanzliche Zuständigkeit des OLG ist der NSU-Prozess vor dem OLG München.

Besetzung der Strafsenate beim Oberlandesgericht: Gemäß *§ 122 GVG* entscheiden die Strafsenate grundsätzlich in der Besetzung von 5 Berufsrichtern.

Zuständigkeit 2. Instanz

Wurde erstinstanzlich Anklage beim Amtsgericht erhoben, ist gegen die Berufung statthaftes Rechtsmittel (vgl. *§ 312 StPO*). Über diese Berufung entscheidet zweitinstanzlich das Landgericht als kleine Strafkammer.

Ergänzender Hinweis:

Auch im Strafrecht gibt es gemäß § 335 StPO eine „Sprungrevision". Man kann also gegen ein erstinstanzliches Urteil, das mit der Berufung angefochten werden könnte, direkt eine Revision einlegen.

Besetzung der kleinen Strafkammer beim Landgericht: Gemäß *§ 76 GVG* sind die kleinen Strafkammern mit einem Berufsrichter und zwei Schöffen besetzt.

Fand das erstinstanzliche Verfahren dagegen vor dem Landgericht oder Oberlandesgericht statt, ist gegen ein Urteil ausschließlich die Revision vor dem BGH statthaft.

Besetzung der Senate beim BGH: Die Senate des Bundesgerichtshofes entscheiden in der Besetzung von fünf Mitgliedern einschließlich des Vorsitzenden (*§ 139 GVG*).

Zuständigkeit 3. Instanz

Nur für den Fall, dass das erstinstanzliche Urteil von einem Strafrichter bzw. einem Schöffengericht beim Amtsgericht gesprochen wurde, gibt es eine dritte Instanz. Nach der Berufung beim Landgericht (siehe oben) ist eine Revision beim OLG möglich.

Besetzung der Senate im Falle der Revision: Die Senate entscheiden in der Besetzung von drei Berufsrichtern (*§ 122 GVG*).

Zusammenfassung

Zunächst muss man sich klarmachen, dass die erstinstanzliche Zuständigkeit von folgenden Faktoren abhängt:

- der Straferwartung sowie
- der gesetzlichen Anordnung bei Katalog-Straftaten.

Auch wenn die Zuständigkeiten auf den ersten Blick verwirrend erscheinen, lässt sich die erstinstanzliche Zuständigkeit also kurz und prägnant wie folgt zusammenfassen:

Grundsätzlich nach Straferwartung

- Vergehen mit einer Straferwartung von bis zu zwei Jahren: Amtsgericht (Strafrichter)

- Vergehen oder Verbrechen mit einer Straferwartung von zwei bis vier Jahren: Amtsgericht (Schöffengericht)
- Im Übrigen: Landgericht (große Strafkammer)

es sei denn Katalogstraftat

- bei Katalogstraftat nach *§ 74 Abs. 2 GVG*: Landgericht (Schwurgericht)
- bei Katalogstraftat nach *§ 120 Abs. 2 GVG*: Oberlandesgericht

Der Instanzenzug lautet dann:

- 1. Instanz: Amtsgericht -> Berufung: Landgericht (kleine Strafkammer) -> Revision: Oberlandesgericht
- 1. Instanz: Landgericht -> Revision: Bundesgerichtshof
- 1. Instanz: Oberlandesgericht -> Revision: Bundesgerichtshof

Die Besetzung der Gerichte muss man schließlich einfach auswendig lernen.

Ergänzender Hinweis:

Wichtig für das Verständnis ist es, folgenden Unterschied zu verinnerlichen, wenn in der 1. Instanz das Amtsgericht zuständig ist:

1. *Zivilrecht*: Berufung: Landgericht; Revision: Bundesgerichtshof

2. *Strafrecht*: Berufung: Landgericht; Revision: Oberlandesgericht

=> Gegen ein strafrechtliches Amtsgerichtsurteil kann man also niemals beim BGH vorgehen!

Weitere Fragen im Zusammenhang mit dem Instanzenzug und der Besetzung der Strafgerichte

Fragt ein Prüfer nach der Zuständigkeit, dem Instanzenzug sowie der Besetzung der Gerichte im Strafprozess werden oftmals auch folgende Vertiefungsfragen im Prüfungsgespräch erörtert:

» Wie grenzen sich die Begriffe „Vergehen" und „Verbrechen" voneinander ab?

Verbrechen sind rechtswidrige Taten, die im Mindestmaß mit Freiheitsstrafe von einem Jahr oder darüber bedroht sind; Vergehen sind alle Straftaten mit einer geringeren Strafandrohung. Relevant ist diese Unterscheidung, da sich eine Zuständigkeit des Strafrichters nur bei Vergehen, nicht jedoch bei Verbrechen ergeben kann.

» Nach Anklage einer Straftat vor dem Strafrichter ergibt sich, dass doch eher mit einer Strafe von mehr als zwei Jahren zu rechnen ist. Was ist die Folge?

Eine Verweisung an das Schöffengericht ist nicht notwendig. Auch ein Strafrichter hat – trotz der Zuständigkeitsregel – eine Strafgewalt von bis zu vier Jahren. Er kann also den Angeklagten beispielsweise zu einer Freiheitsstrafe von drei Jahren verurteilen.

» Nach Anklage einer Straftat vor dem Schöffengericht möchte dieses den Angeklagten zu vier Jahren und sechs Monaten Freiheitsstrafe verurteilen. Was ist die Folge?

Eine solche Verurteilung ist rechtswidrig und verstößt gegen *§ 24 Abs. 2 GVG*. Danach darf ein Amtsgericht nicht auf eine höhere Strafe als vier Jahre Freiheitsstrafe entscheiden. Vielmehr ist die Strafsache an das Landgericht zu verweisen.

Verurteilt das Schöffengericht den Angeklagten dennoch zu vier Jahren und sechs Monaten Freiheitsstrafe, kann gegen dieses Urteil erfolgreich mit der Revision vorgegangen werden.

» Wie wird man Schöffe?

Die Gemeinden stellen alle fünf Jahre eine Vorschlagsliste für Schöffen auf. Sofern gegen diese Liste keine Einsprüche erhoben werden, wählt ein Ausschuss bei jedem Amtsgericht aus dieser Liste die erforderliche Zahl an Schöffen für die nächsten fünf Jahre aus.

» Kann man das Schöffenamt ablehnen?

Grundsätzlich nein. Man kann aber gegen die Aufnahme in die Liste Einspruch einlegen, wenn man laut Gesetz unfähig oder ungeeignet zum Schöffenamt ist. Ungeeignet ist man beispielsweise dann, wenn man jünger als 25 oder älter als 70 Jahre ist, den Wohnsitz in der Gemeinde aufgegeben hat oder gesundheitliche Gründe gegen die Ausführung des Schöffenamts sprechen.

Ergänzender Hinweis:

Verfassungsrechtlich verankert ist das Schöffenamt in Art. 20 GG, wonach alle Staatsgewalt vom Volke ausgeht.

» Was zählen die Stimmen von Berufsrichtern einerseits und Schöffen andererseits?

Die Stimmen aller Richter – also auch der Laienrichter – zählen gleich viel. Nach *§ 196 GVG* entscheidet das Gericht mit absoluter Mehrheit. Bei einem Schöffengericht können die beiden Schöffen also durchaus den Berufsrichter überstimmen.

Ist die große Strafkammer beim Landgericht mit 2 Berufsrichtern und 2 Schöffen besetzt, entscheidet bei Stimmengleichheit nach *§ 196 Abs. 4 GVG* im Zweifel die Stimme des Vorsitzenden.

» Woher stammt der Begriff „Schwurgericht"?

Von 1878 bis 1924 gab es noch ein echtes Geschworenengericht, das als Schwurgericht bezeichnet wurde. Dieses Gericht setzte sich aus 3 Berufsrichtern und 12 Geschworenen zusammen. Die Geschworenen entschieden allein über die Frage, ob der Angeklagte schuldig ist, während die Berufsrichter die Verhandlung leiteten und über die Strafzumessung entschieden.

Dieses klassische Geschworenengericht wurde durch Verordnung vom 04. 01. 1924 abgeschafft. Seitdem hat der Begriff des Schwurgerichts allein historische Bedeutung.

Auszüge aus den Prüfungsprotokollen

» Herr XXX begann mit einem Urteil mit folgendem Tenor:

S wird wegen versuchter besonders schwerer räuberischer Erpressung und Körperverletzung zu einer FHS von 5 Jahren und 6 Monaten verurteilt.

Frage: Von wem könnte das Urteil stammen?

Antwort: Landgericht. Das ist zuständig für Verbrechen und Vergehen, die eine FHS von über 4 Jahren vorsehen. Richtiger Spruchkörper wäre vorliegend die große Strafkammer.

Frage: Besetzung der großen Strafkammer?

Antwort: 3 Berufsrichter und 2 Schöffen.

Anschließend besprachen wir noch den gesamten weiteren Instanzenzug im Strafrecht einschließlich der Zuständigkeit und Besetzung in den Rechtsmittelinstanzen.

» Zu Beginn der Prüfung leitete XXX einen Fall ein mit: „Sie sind Strafverteidiger, ein Mandant betritt ihre Kanzlei und verkündet: Ich bin gestern zu 3 Jahren und 6 Monaten verknackt worden. Das ist sehr wenig für das, was ich gemacht habe, aber mir dennoch zu viel". Mehr kann und will er nicht berichten.

Es ging darum dem Mandanten nun die "richtigen" Fragen zu stellen. Als rausgefunden wurde, vor welchem Gericht die Sache lief, ging es darum dieses zu kontaktieren und mittels Aktenzeichen rauszufinden, vor welchem Spruchkörper verhandelt wurde. Dies nutzte XXX um den Instanzenzug von A-Z zu erörtern. Es gefiel ihm gar nicht, als einer meiner Mitprüflinge dies nicht wusste bzw. komplett durcheinander brachte. Der Instanzenzug MUSS sicher beherrscht werden.

» Herr XXX schilderte kurz folgende Situation: Sie sind Rechtsanwalt, zu Ihnen kommt ein Mandant, der vor dem Landgericht wegen versuchten Betrugs zu einer Freiheitsstrafe von 6 Monaten zur Bewährung verurteilt worden ist.

Zunächst wollte XXX wissen, wie es denn sein kann, dass es bei einem Landgericht zu einer solch geringen Freiheitsstrafe kommt. Besprochen wurde hier, dass das Urteil beim Landgericht sowohl erstinstanzlich als auch (nach Einlegen einer Berufung) zweitinstanzlich ergangen sein könnte. Erstinstanzlich wäre dies aber nur möglich, wenn zunächst eine höhere FS von über 4 Jahren erwartet wurde, sich dann aber in der Hauptverhandlung zB ein anderer Sachverhalt ergeben hat.

Dann wollte XXX wissen, woher genau dieses Urteil stammen könnte. Er wollte hier also den Gerichtsaufbau abfragen und hören, dass das Urteil beim Landgericht entweder von der sog. kleinen oder von der großen Strafkammer hätte kommen können. Vor der kleinen Strafkammer hätte es auf die Berufung des erstinstanzlichen Urteils hin ergehen können. Dann fragte er ab, wie die jeweiligen Spruchkörper besetzt sind und wollte schließlich wissen, wann eine Besetzung „aufgestockt“ werden könnte und meinte damit das sog. erweiterte Schöffengericht, das um einen weiteren Berufsrichter ergänzt werden kann.

Dann wollte er weiter wissen, wohin denn die Revision gegen ein Berufungsurteil der kleinen Strafkammer ginge; die richtige Antwort war hier das OLG. Dass auf die Frage, welches Gericht normalerweise über die Revision entscheidet, auch mit dem OLG beantwortet wurde, enttäuschte ihn ziemlich. Richtig wäre natürlich der BGH gewesen.

Abschließend stellte er noch die interessante Frage, wie es denn zu begründen sei, dass gegen erstinstanzliche Urteile des Landgerichts – im Gegensatz zu denen des Amtsgerichts – nur eine weitere Instanz gäbe. Da keiner von uns hierauf kam, beantwortete Herr XXX die Frage selbst: Dies sei durch die größere Besetzung der Strafkammern gerechtfertigt; wenn man die Berufsrichter im Instanzenzug jeweils zusammenrechne, komme man im Ergebnis in etwa auf gleich viele mit dem Fall befasste Richter.

» XXX fing ihren Prüfungsteil mit ein paar allgemeinen Fragen an:

Welche Revisionen kommen zum BGH? Die Revision gegen erstinstanzliche Urteile einer großen Strafkammer oder eines Schwurgerichts eines Landgerichts gelangen zum BGH.

Wie ist ein BGH-Senat in Strafsachen als Spruchkörper besetzt? Er ist mit 5 Berufsrichtern besetzt.

Was ist der Berichterstatter? Der Berichterstatter ist der Richter im Senat, der die Verfahrensakte durchgearbeitet hat und gegenüber den anderen Senatsmitgliedern referiert, um die Entscheidung des Senats vorzubereiten.

☆☆★★★

Strafrecht

Thema

Grundsätze des Strafprozesses

Bemerkungen

Gerne leiten Prüfer ihren Prüfungsabschnitt mit „Fragen zum Aufwärmen“ ein, bevor dann konkrete Fälle besprochen werden. In diesem Zusammenhang finden sich in den Protokollen des Öfteren Fragen zu den grundlegenden Verfahrensmaximen im Strafprozess. Diese zum Basiswissen zählenden Grundsätze sollte man auf jeden Fall kennen und nennen können.

Offizialprinzip

Nach dem Offizialprinzip hat die Staatsanwaltschaft das Anklagemonopol, *§ 152 Abs. 1 StPO*. Eine wichtige Ausnahme vom Offizialprinzip ist das Privatklageverfahren, das in den *§§ 374 ff. StPO* geregelt ist.

Akkusationsprinzip

Das Akkusationsprinzip (oder auch Anklagegrundsatz) besagt, dass ein gerichtliches Verfahren nur nach Erhebung einer Anklage stattfindet (vgl. *§ 151 StPO*). Nach *§ 152 Abs. 1 StPO* ist hierzu die Staatsanwaltschaft berufen. Das Akkusationsprinzip stellt dadurch sicher, dass Strafverfolgung und Urteilsfindung nicht durch das gleiche Rechtspflegeorgan vorgenommen werden, sondern hierfür zwei verschiedene Organe – die Staatsanwaltschaft für die Anklageerhebung sowie das Gericht für die Urteilsfindung – zuständig sind.

Legalitätsprinzip

Das in den *§§ 152 Abs. 2, 170 Abs. 1 StPO* normierte Legalitätsprinzip verpflichtet die Staatsanwaltschaft dazu, wegen aller verfolgbaren Straftaten Anklage zu erheben, sofern zureichende tatsächliche Anhaltspunkte vorliegen.

Als Ausnahme hierzu sind die *§§ 153 ff. StPO* zu nennen (Einstellung aus Opportunitätsgründen). Das hier verankerte Opportunitätsprinzip stellt die „negative Seite des Legalitätsprinzips“ dar.

Untersuchungsgrundsatz

Nach dem Untersuchungsgrundsatz haben die Staatsanwaltschaft und das Gericht den Sachverhalt von Amts wegen zu ermitteln.

Für die Staatsanwaltschaft ergibt sich dies aus *§ 160 StPO*. Das Gericht hat nach *§ 244 Abs. 2 StPO* „die Beweisaufnahme von Amts wegen auf alle Tatsachen und Beweismittel zu erstrecken, die für die Entscheidung von Bedeutung sind".

Ergänzender Hinweis:

Für die Polizei als Ermittlungspersonen der Staatsanwaltschaft ergibt sich der Untersuchungsgrundsatz aus § 163 StPO.

Wichtig: Bereits seit 2004 werden die Polizisten nicht mehr als „Hilfsbeamte" der Staatsanwaltschaft bezeichnet!

Grundsatz der Mündlichkeit

Im Strafprozess dürfen gem. den *§§ 261, 264 Abs. 1 StPO* nur solche Tatsachen und Beweise Gegenstand des Urteils sein, die auch in der Hauptverhandlung mündlich gewürdigt worden sind.

Grundsatz der Unmittelbarkeit

Nach dem Unmittelbarkeitsgrundsatz muss das Gericht alle Beweise selbst erheben und darf diese grundsätzlich nicht durch Surrogate ersetzen. Dieser Grundsatz ist strafprozessrechtlich in *§ 250 StPO* verankert.

§ 250 StPO lautet:

„Beruht der Beweis einer Tatsache auf der Wahrnehmung einer Person, so ist diese in der Hauptverhandlung zu vernehmen. Die Vernehmung darf nicht durch Verlesung des über eine frühere Vernehmung aufgenommenen Protokolls oder einer schriftlichen Erklärung ersetzt werden."

Beschleunigungsgebot

Das Beschleunigungsgebot hält die Rechtspflegeorgane an, das Verfahren so schnell wie möglich durchzuführen; es dient im Strafprozess sowohl den Interessen des Beschuldigten als auch dem öffentlichen Interesse. Verankert ist das Beschleunigungsgebot insbesondere in den *Art. 5, 6 EMRK*, aber auch in Vorschriften des Strafprozessrechts wie zum Beispiel *§§ 121, 122 StPO* (Besondere Anforderungen an die Fortdauer der U-Haft über 6 Monate).

Öffentlichkeitsgrundsatz

Aus dem Grundsatz der Öffentlichkeit des Verfahrens (*§§ 169 ff. GVG*) folgt, dass der Strafprozess öffentlich stattfindet. Eine „Geheimjustiz" soll dadurch verhindert werden.

Der Öffentlichkeitsgrundsatz gilt für alle Verhandlungen, Beweisaufnahmen sowie die Verkündung von Urteilen und Beschlüssen. Andererseits sind Rundfunk- und Filmaufnahmen während der Verhandlung unzulässig, da sie den Prozess beeinflussen könnten (*§ 169 Satz 2 GVG*).

Der Grundsatz der Öffentlichkeit ist im Strafprozessrecht durchbrochen, wenn Anklage gegen einen Jugendlichen erhoben wird.

Die Hauptverhandlung vor dem Jugendgericht ist nicht öffentlich, vgl. *§ 48 JGG*.

Gewährung rechtlichen Gehörs

Auch im Strafprozess muss den Beteiligten rechtliches Gehör gewährt werden; nur solcher Prozessstoff darf der Entscheidung zugrunde gelegt werden, zu dem Gehör gewährt wurde. Ausdruck findet dieser Grundsatz insbesondere im letzten Wort des Angeklagten gemäß *§ 258 Abs. 3 StPO*.

In dubio pro reo

Der Grundsatz „in dubio pro reo" ist wohl der bekannteste Verfahrensgrundsatz im Strafrecht. Er verbietet es, den Angeklagten zu verurteilen, wenn das Gericht noch vernünftige Zweifel an der Schuld des Angeklagten hat.

Auszüge aus den Prüfungsprotokollen

Irgendwie kamen wir dann auf einmal zu den Prozessmaximen im Strafprozess. Hier wurden zunächst alle gesammelt (Legalitätsprinzip, Offizialprinzip, Akkusationsprinzip, Mündlichkeitsgrundsatz, Unmittelbarkeit etc.). Dann wurde herausgearbeitet wo die alle stehen und welcher beim Strafbefehlsverfahren verletzt sein könnte.

☆★★★★

Strafrecht

Thema

Untersuchungshaft

Bemerkungen

Ein oftmals in den Protokollen auftauchendes Thema ist die Untersuchungshaft. Gerade wenn wieder einmal prominente Personen wie zum Beispiel Uli Hoeneß oder der ehemalige Arcandor-Chef Thomas Middelhoff vor Gericht stehen und dann sogar in Untersuchungshaft genommen werden, greifen viele Prüfer dies auf und stellen Fragen zu den Voraussetzungen für den Erlass eines Haftbefehls sowie zu den Rechtsmitteln gegen einen Haftbefehl.

Allgemein

Die Untersuchungshaft nach den *§§ 112 ff. StPO* kann bis zur Rechtskraft des Urteils erlassen werden – also auch nach Verkündung eines Urteils, gegen das noch Rechtsmittel möglich sind, um die Vollstreckung des Urteils zu gewährleisten. Voraussetzung für die Anordnung sind das Bestehen eines dringenden Tatverdachts gegen den Beschuldigten und ferner das Vorliegen einer der in den *§§ 112, 112a StPO* vorgesehenen Haftgründe.

Die Anordnung dieser Zwangsmaßnahme ist besonders problematisch, da sie sehr einschneidend für den Betroffenen ist, dessen Schuld noch gar nicht rechtskräftig festgestellt ist. Der Erlass des Haftbefehls ist an materielle und formelle Voraussetzungen gebunden.

Materielle Voraussetzungen des Haftbefehls

Dringender Tatverdacht: Zunächst muss gegen den Beschuldigten oder Angeschuldigten ein dringender Tatverdacht bestehen, *§ 112 Abs. 1 StPO*. Ein solcher ist nur dann anzunehmen, wenn eine hohe Wahrscheinlichkeit dahingehend besteht, dass der Beschuldigte auch tatsächlich Täter der ihm zur Last gelegten Tat ist.

Vorliegen eines Haftgrundes: Des Weiteren muss einer der in *§ 112 Abs. 2 Nr. 1, 2 StPO* abschließend genannten Haftgründe vorliegen.

- Flucht oder Fluchtgefahr: Bei der Fluchtgefahr müssen konkrete Anhaltspunkte dafür vorliegen, dass tatsächlich die Gefahr besteht, der Beschuldigte werde sich durch Flucht dem Strafverfahren entziehen. Das Gericht hat sämtliche bekannten Umstände zu würdigen und in die Beurteilung mit einzubeziehen. Maßgebliche Indizien können z.B. sein: familiäre Bindungen, fester Arbeitsplatz, besondere Beziehungen ins Ausland (evtl. auch Staatsbürgerschaft), finanzielle Lage etc.

- Verdunkelungsgefahr: *§ 112 Abs. 2 Nr. 3 StPO* zählt die Voraussetzungen der Verdunkelungsgefahr auf, wobei wiederum konkrete Tatsachen eine solche Gefahr begründen müssen: Sie liegt u.a. vor, wenn der dringende Verdacht besteht, der Beschuldigte werde Beweismittel beiseite schaffen oder auf Mitbeschuldigte, Zeugen oder Sachverständige in unlauterer Weise einwirken und wenn deshalb die Gefahr droht, dass die Ermittlung der Wahrheit erschwert werde.

- Verdacht eines Schwerstverbrechens: Nach dem Wortlaut des *§ 112 Abs. 3 StPO* kann U-Haft auch dann verhängt werden, wenn der Beschuldigte verdächtig ist, eine der dort aufgezählten Katalogtaten begangen zu haben. Dies ist aber im Hinblick auf den schweren Eingriff in die Freiheitsrechte des noch nicht rechtskräftig verurteilten Beschuldigten äußerst bedenklich. Daher ist die Norm verfassungskonform dahingehend auszulegen, dass ein Haftgrund im Sinne des *§ 112 Abs. 2 StPO* immerhin nicht ausgeschlossen sein darf, da ansonsten die U-Haft den Charakter einer reinen Verdachtsstrafe erhielte.

- Wiederholungsgefahr: *§ 112a StPO* enthält des Weiteren den Haftgrund der Wiederholungsgefahr. *§ 112a Abs. 2 StPO* stellt klar, dass die Vorschrift gegenüber den Haftgründen des *§ 112 StPO* subsidiär ist.

Verhältnismäßigkeit: Aufgrund des besonders schweren Grundrechtseingriffs muss der Verhältnismäßigkeitsgrundsatz beachtet werden.

Formelle Voraussetzungen des Haftbefehls

Zuständig für den Erlass eines Haftbefehls ist vor Erhebung der öffentlichen Klage der Ermittlungsrichter am Amtsgericht, in dessen Bezirk ein Gerichtsstand begründet ist oder der Beschuldigte sich aufhält (*§ 125 Abs. 1 StPO*).

Nach Erhebung der Anklage ist gemäß *§ 125 Abs. 2 StPO* das Gericht der Hauptsache zuständig.

Rechtsschutz gegen die Haftanordnung

Dem Betroffenen stehen zwei verschiedene Möglichkeiten des Rechtsschutzes gegen den Haftbefehl zur Verfügung: die Haftbeschwerde gemäß den *§§ 304 ff. StPO* sowie der Antrag auf Haftprüfung nach *§ 117 Abs. 1 StPO*. Nach sechsmonatiger U-Haft erfolgt eine Überprüfung von Amts wegen durch das OLG (*§ 121 StPO*).

Über die Haftprüfung nach *§ 117 StPO* entscheidet der Ermittlungsrichter bzw. – nach Erhebung der öffentlichen Klage – das mit der Sache befasste Gericht. Für die Entscheidung über die Haftbeschwerde nach den *§§ 304 ff. StPO* ist dagegen das nächsthöhere Gericht zuständig (Devolutiveffekt!).

Ergänzender Hinweis:

Gerade weil über eine Haftprüfung derselbe Ermittlungsrichter entscheidet, der den ursprünglichen Haftbefehl erlassen hat, macht eine Haftprüfung in der Regel nur dann Sinn, wenn sich aufgrund neuer Ermittlungsergebnisse der dem Haftbefehl zugrunde liegende Sachverhalt geändert hat.

Ein wichtiger Unterschied zwischen beiden Rechtsbehelfen betrifft die Frage, ob eine mündliche Verhandlung vor der Entscheidung erzwungen werden kann:

- Bei der Haftprüfung ist gemäß *§ 118 Abs. 1 StPO* auf Antrag des Beschuldigten eine mündliche Verhandlung durchzuführen.

- Bei der Haftbeschwerde dagegen kann gemäß *§ 118 Abs. 2 StPO* auf Antrag des Beschuldigten nach einer mündlichen Verhandlung entschieden werden – hier liegt die Entscheidung über eine vorherige mündliche Verhandlung also im Ermessen des Gerichts.

Weitere Fragen im Zusammenhang mit dem Thema Haft

Bei Durchsicht der Protokolle sind wir auf folgende Vertiefungsfragen im Zusammenhang mit dem Thema Untersuchungshaft gestoßen:

» *Nennen Sie weitere im Strafprozessrecht relevante Haftarten.*

Neben der Untersuchungshaft (*§§ 112 ff. StPO*) sind dies vor allem die Erzwingungshaft (*§ 70 Abs. 2 StPO*), der Vollstreckungshaftbefehl (*§ 457 Abs. 2 StPO*) und Ordnungshaft (*§ 177 GVG*).

Ergänzender Hinweis:

§ 70 Abs. 2 StPO gilt über den Wortlaut hinaus auch dann, wenn ein Zeuge sich weigert, den Eid zu sprechen.

Die Erzwingungshaft (oder auch „Beugehaft“) kann gegen Zeugen verhängt werden, die das Zeugnis verweigern, obwohl ihnen kein Zeugnisverweigerungsrecht zusteht. Die Anordnung dieser Haft steht im Ermessen des Gerichts; sie darf aber nicht von der Prognose abhängig gemacht werden, ob der Zeuge überhaupt durch die Haft zur Aussage bewegt werden kann. Die Dauer der Erzwingungshaft ist auf sechs Monate beschränkt. Sie endet auch mit Beendigung des Verfahrens in dem jeweiligen Rechtszug.

Ein Vollstreckungshaftbefehl kann erlassen werden, wenn ein Verurteilter die Ladung zum Strafantritt nicht beachtet. Der Vollstreckungshaftbefehl dient also der Durchsetzung und Sicherung der Strafvollstreckung.

Ordnunghaft im Sinne des *§ 177 GVG* kann gegen bei der Hauptverhandlung beteiligte Personen oder auch Zuschauer verhängt werden, wenn jemand einer Anordnung des Gerichts schuldhaft nicht Folge leistet. In zeitlicher Hinsicht ist die Ordnungshaft maximal 24 Stunden zulässig und in jedem Fall auf die Dauer der Sitzung beschränkt.

Ergänzender Hinweis:

Wegen des eindeutigen Wortlauts der Vorschrift darf die Ordnungshaft aber nicht gegen den Verteidiger des Angeklagten oder den Staatsanwalt verhängt werden.

» Welche Verdachtsstufen gibt es und wie sind diese definiert?

Dringender Tatverdacht: Ein dringender Tatverdacht ist nur dann anzunehmen, wenn eine hohe Wahrscheinlichkeit dahingehend besteht, dass der Beschuldigte auch tatsächlich Täter der ihm zur Last gelegten Tat ist.

Hinreichender Tatverdacht: Ein hinreichender Tatverdacht liegt vor, wenn nach Abschluss der Ermittlungen eine Verurteilung wahrscheinlicher ist als ein Freispruch.

Anfangsverdacht: Ein Anfangsverdacht ist gegeben, wenn tatsächliche Anhaltspunkte bestehen, dass eine verfolgbare Straftat vorliegt.

» Welche zeitlichen Grenzen sind bei der Untersuchungshaft zu beachten?

Wie sich aus *§ 121 StPO* ergibt, darf grundsätzlich die U-Haft wegen derselben Tat nur sechs Monate betragen. Das OLG kann aber die Fortdauer der Haft über die sechs Monate hinaus anordnen, wenn „die besondere Schwierigkeit oder der besondere Umfang der Ermittlungen oder ein anderer wichtiger Grund" gegeben sind, die ein schnelles Urteil nicht zulassen.

Ergänzender Hinweis:

Aber: Ist Haftgrund eine bestehende Wiederholungsgefahr nach § 112a StPO, darf die U-Haft längstens ein Jahr betragen (vgl. § 122a StPO)!

» Was versteht man unter dem Begriff der „Überhaft"?

Werden gegen dieselbe Person mehrere Haftbefehle in verschiedenen Sachen erlassen, kann nur einer von ihnen vollzogen werden. Beim anderen nicht vollzogenen Haftbefehl wird dann „Überhaft“ notiert; dieser wird erst dann vollzogen, wenn die erste U-Haft beendet ist. Gleiches gilt für den Fall, dass gegen einen bereits im Gefängnis sitzenden Täter in einer anderen Sache U-Haft verhängt wird.

Auszüge aus den Prüfungsprotokollen

» Im Anschluss bearbeiteten wir den Fall. Es handelte sich dabei um Straftaten nach dem Betäubungsmittelgesetz. Laut Sachverhalt wurden beide Täter in Untersuchungshaft genommen.

Daraus ergab sich dann zunächst ein Gespräch über die Voraussetzungen der Untersuchungshaft. XXX fragte, welche Rechtsmittel gegen die Untersuchungshaft bestünden. Dann fragte er, wie das Gericht denn vorgehen könne, wenn erst kurz vor Ablauf der sechsmonatigen Untersuchungshaft terminiert werden kann. Die Lösung war, dass kurz vor Ablauf der Untersuchungshaft ein erster Termin stattfindet, in welchem die Anklageschrift verlesen wird. Danach wird der Prozess unterbrochen, um anschließend in die Beweisaufnahme einzutreten. Dieses führte zu Fragen über die mögliche Unterbrechung eines Prozesses und den Unterschied zur Aussetzung. Auch die Möglichkeit der Fortdauer der Untersuchungshaft über sechs Monate hinaus war anzusprechen.

» Wir begannen die Prüfung mit dem Fall Middelhoff. Zunächst wollte der Prüfer wissen, was denn da der Fall gewesen sei, wegen was Middelhoff verurteilt worden wäre und was im Anschluss an das Urteil geschehen sei (U-Haft).

Dann wurden die Voraussetzungen der U-Haft geprüft. Bei der Voraussetzung des dringenden Tatverdachts wurde gefragt, ob denn dieser auch nach einem bereits erfolgten Urteil vorläge oder es für eine U-Haft nach einem Urteil andere Voraussetzungen gäbe. Dies haben wir verneint. Letztlich haben wir die Voraussetzungen der Fluchtgefahr (und des 116 StPO) geprüft, insbesondere im Rahmen der Verhältnismäßigkeit. Im Anschluss daran wurden die Rechtsmittel gegen eine U-Haft (Haftprüfung und Haftbeschwerde), die Voraussetzungen und Unterschiede (insbes. Subsidiarität und Suspensiveffekt) abgefragt. Schließlich sollte jeder von uns sagen, welches Rechtsmittel (und warum) er als Verteidiger Middelhoffs eingelegt hätte.

» Die Prüfung begann mit der Schilderung eines Falles. Der Angeklagte ist in Untersuchungshaft wegen versuchten Mordes aus Heimtücke sowie niedrigen Beweggründen in Tateinheit mit gefährlicher Körperverletzung unter Gebrauch einer Waffe, §§ 211, 22 StGB, § 52 StGB, §§ 223, 224 I Nr. 2 StGB.

Wir kamen auf die Haftgründe zu sprechen. Herr XXX fragte, wo diese geregelt sind. § 112 StPO.

Welche Haftgründe gibt es? Flucht, Fluchtgefahr, Verdunkelungsgefahr... dann unterbrach Herr XXX und kam auf § 112 III StPO zu sprechen. Was hat es damit auf sich? Kann man jemanden in Haft nehmen ohne einen Haftgrund? Nein, dieser Absatz sagt das zwar dem Wortlaut nach, jedoch ist dieser verfassungsgemäß im Sinne einer teleologischen Reduktion auszulegen.

Welchen Haftgrund gibt es noch? Den Haftgrund der Wiederholungsgefahr nach § 112a StPO. Was sagen Sie zu dem Vorwurf, dass der § 112a StPO systemfremd ist? Herr XXX wollte auf den Präventivcharakter dieser Norm hinaus im Vergleich zu den anderen Haftgründen.

Sodann fragte er, welche Arten von Haft die StPO kennt: Untersuchungshaft, Ordnungshaft, Vollstreckungshaft, Beugehaft.

☆☆★★★

Strafrecht

Thema

Promillegrenzen im Strafrecht

Bemerkungen

Viele Referendare merken spätestens in ihrer Tätigkeit als Sitzungsvertreter der Staatsanwaltschaft innerhalb der Strafrechtsstation wie praxisrelevant der Straftatbestand „Trunkenheit im Verkehr“ ist. Hat ein Prüfer einen Fall aus diesem Bereich für die Kandidaten in einer mündlichen Prüfung vorgesehen, folgt in aller Regel ein Ausflug in die für das Strafrecht relevanten Promillegrenzen. Diese sollte man in der mündlichen Prüfung auf jeden Fall kennen!

Übersicht der Promillegrenzen

0,3 Promille	relative Fahruntüchtigkeit von Führern eines KFZ oder Fahrrads
1,1 Promille	absolute Fahruntüchtigkeit bei Führen eines KFZ

1,6 Promille	absolute Fahruntüchtigkeit bei Führen eines Fahrrads
ab 2,0 Promille	verminderte Schuldunfähigkeit ist möglich
ab 2,2 Promille	verminderte Schuldunfähigkeit ist bei vorsätzlichen Tötungsdelikten möglich
ab 3,0 Promille	Schuldunfähigkeit ist möglich
ab 3,3 Promille	Schuldunfähigkeit ist bei vorsätzlichen Tötungsdelikten möglich

Weitere Fragen im Zusammenhang mit den im Strafrecht geltenden Promillegrenzen

Macht ein Prüfer die Promillegrenzen zum Gegenstand seiner Prüfung, werden auch folgende Fragen hierzu gestellt:

» Was sind die Begriffe „absolute Fahruntüchtigkeit" und „relative Fahruntüchtigkeit" in rechtstechnischer Hinsicht?

Absolute und relative Fahruntüchtigkeit beschreiben nicht ein Maß der Unfähigkeit, ein Fahrzeug zu führen; vielmehr sind beide Begriffe Teil des Beweisrechts (konkret: „prozessuale Beweisregel"). Ist die jeweilige Promillegrenze überschritten und liegt danach absolute Fahruntüchtigkeit vor, so ist darin ein unwiderlegbarer Erfahrungssatz zu sehen, dass der Fahrer im Sinne des Gesetzes nicht in der Lage ist, ein Fahrzeug sicher zu führen.

» Wann ist eine „relative Fahruntüchtigkeit" gegeben?

Von einer relativen Fahruntüchtigkeit ist zu sprechen, wenn eine Blutalkoholkonzentration (BAK) unterhalb der absoluten Grenzwerte vorliegt und weitere Umstände aus dem Tatgeschehen (sogenannte „alkoholbedingte Ausfallerscheinungen") dafür vorliegen, dass der Alkoholkonsum zur Fahruntüchtigkeit geführt hat.

» Wie kann es sein, dass in ein und demselben Strafverfahren vom Gericht zwei verschiedene BAK zum Tatzeitpunkt zur Grundlage der Entscheidung gemacht werden?

Im Rahmen der Berechnung der Blutalkoholkonzentration ist der Zweifelssatz jeweils zugunsten des Angeklagten zu beachten. Die BAK spielt aber sowohl im Rahmen des Tatbestandes zB des *§ 316 StGB* als auch bei der Frage der überhaupt vorliegenden Schuldfähigkeit eine Rolle. Bei der Berechnung der tatbestandlich relevanten BAK ist zugunsten des Angeklagten im Zweifel eher „nach unten hin" abzuweichen; bei Berechnung der BAK zur Feststellung der Schuldfähigkeit ist dagegen aufgrund des Zweifelssatzes eher „nach oben hin" abzuweichen.

» Wie berechnet man – bei vorliegender Blutprobe – den Blutalkoholwert des Beschuldigten zum Tatzeitpunkt?

Die konkrete Tatzeit-BAK ist bei Vorliegen eines Blutprobenwertes im Wege der Rückrechnung zu ermitteln.

Ergänzender Hinweis:

Die auf den ersten Blick komplizierte Berechnung der Tatzeit-BAK muss man unbedingt verstehen und verinnerlichen. Denn im 2. Examen wird man von Praktikern geprüft, die diese Berechnungen regelmäßig ihrer Anklage zugrunde legen. Ein Staatsanwalt erwartet von den Prüflingen, dass er die Art und Weise der Berechnung des Promillewertes zum Tatzeitpunkt erläutern kann.

1. Ermittlung der Fahruntüchtigkeit

Dem Blutprobenwert ist ein stündlicher Abbauwert in Höhe von 0,1 Promille hinzuzurechnen; um aber jede Benachteiligung des Täters auszuschließen, sind die ersten 2 Stunden nach Trinkende von der Rückrechnung auszunehmen. Wurde ein Nachtrunk glaubhaft dargelegt, ist die sich hieraus ergebende BAK zu berechnen und von der ermittelten Gesamt-BAK abzuziehen.

2. Ermittlung der Schuldfähigkeit

Liegt eine Blutprobe vor, so ist die Tatzeit-BAK auch hinsichtlich der Schuldfähigkeit per Rückrechnung zu ermitteln. Da hinsichtlich der Schuldfähigkeit eine möglichst hohe BAK für den Täter günstig ist, werden dem Blutprobenwert je vergangener Stunde ein Promillewert vom 0,2 sowie ein Sicherheitszuschlag von 0,2 Promille hinzugerechnet. Auch die ersten beiden Stunden nach Trinkende sind in die Rückrechnung mit einzubeziehen.

Beispiel:

T trinkt bis 0.00 Uhr und gerät in eine Polizeikontrolle. Die Blutprobe, die dem T um 5.00 Uhr morgens entnommen wurde, weist eine BAK von 0,3 Promille auf.

1. *BAK bzgl. Fahruntüchtigkeit*

0,3 Promille + 3 mal 0,1 Promille = 0,6 Promille

(Hinweis: Die Zeit zwischen 0.00 Uhr und 2.00 Uhr bleibt bei der Rückrechnung unberücksichtigt.)

2. *BAK bzgl. Schuldfähigkeit*

0,3 Promille + 5 mal 0,2 Promille + 0,2 Promille = 1,5 Promille

» Hat denn die Atemalkoholkonzentration gar keine Bedeutung im Strafverfahren?

Die Atemalkoholkonzentration hat nur im Rahmen des Ordnungswidrigkeitenrechts Bedeutung; in einem Strafverfahren ist die AAK für die Ermittlung der Tatzeit-BAK dagegen nicht geeignet.

» Wo findet sich die rechtliche Grundlage für die Entnahme einer Blutprobe?

Die Entnahme einer Blutprobe ist nach *§ 81a Abs. 1 S. 2 StPO* zulässige Ermittlungsmaßnahme. Die Anordnung einer solchen Maßnahme hat grundsätzlich durch den Ermittlungsrichter zu erfolgen.

Auszüge aus den Prüfungsprotokollen

» Im zweiten Fall, den uns XXX schilderte, hatte ein Fahrlehrer zunächst einige Bier getrunken, trat daraufhin um 14.00 Uhr die nächste Fahrstunde an und kam um 14.45 Uhr in eine Polizeikontrolle. Eine um 15.30 Uhr durchgeführte Blutalkoholuntersuchung ergab eine BAK von 1,09 Promille.

Es sollte seine Strafbarkeit geprüft werden. Man konnte dabei bereits die Führereigenschaft ablehnen. Unabhängig davon ging es dann um die Rückrechnung (in diesem Fall, also bei der niedrigsten möglichen BAK zur Tatzeit: die ersten zwei Stunden werden ausgelassen, dann 0,1 Promille pro Stunde dazurechnen):

Weil Tatzeitpunkt weniger als 2 Stunden zurück lag, bleibt es bei einer Tatzeit-BAK von 1,09 Promille. Daher hier zumindest keine Strafbarkeit wegen absoluter Fahruntüchtigkeit, weil der Fahrlehrer ja knapp unter der Grenze von 1,1 Promille gelegen hatte.

» Danach beschrieb XXX einen Fall, in dem der A um 16 Uhr eine von 2 Pferden gezogene Kutsche fährt und dabei eine Flasche Korn in einer Hand hält. Nachdem er von der Polizei angehalten wurde, weigerte er sich eine Alkohol-Atemkontrolle durchzuführen. Die Polizei wendet sich an den StA-Eildienst. Möglichkeiten?

Zuerst wurde die Möglichkeit des 81a StPO angesprochen. Voraussetzungen? Anfangsverdacht. Welches Delikt kommt in Betracht? 316 StGB. Problem: Kutsche als Fahrzeug? Dann wurde das Problem der Anordnungskompetenz und "Gefahr in Verzug" erörtert.

Frau XXX gab an, die Blutprobenentnahme ergab eine BAK von 1,5 Promille zur Tatzeit. A besitzt auch eine Fahrerlaubnis für Pkws. Woran könnte man denken? Vorläufige Entziehung der Fahrerlaubnis, 111a StPO. Problem: welche BAK kann auf eine Kutsche übertragen werden? Pkw (1,1) oder Fahrrad (1,6)? Dies war angelehnt an eine relativ neue Rspr. Danach ist die BAK von 1,1 entscheidend. Daher 111a (+).

» T ist Referendar und geht mit seiner AG trinken. Dabei soll regelmäßig gepustet werden und die Auswirkung des Alkohols auf den BAK getestet werden. T hat am Ende 1,5 Promille. T will noch fahren. Der AG-Leiter warnt ihn, aber T meint, dass es schon gut gehen wird. Er fährt los und gerät in eine Polizeikontrolle. Der Polizist ist ein alter Schulfreund und lässt ihn weiterfahren, obwohl er gemerkt hat, dass T betrunken war. Kurz danach fährt T einen Passanten an und verletzt ihn schwer.

Wir fingen mit der Strafbarkeit des T an, also mit § 315c an und bejahten sowohl Nr. 1 als auch Nr. 2, da T an einem Gehweg den Passanten anfuhr. Wir gingen auf absolute und relative Fahruntüchtigkeit und die Promillegrenzen ein.

★★★★★

Strafrecht

Thema

Der „Deal“ im Strafprozess

Bemerkungen

Eines der häufigsten Themen, das wir bei Durchsicht der Protokolle im Strafrecht entdeckt haben, ist die Verständigung im Strafverfahren! Dies liegt zum einen sicherlich daran, dass die Verständigung in einem Strafprozess sehr praxisrelevant ist. Zum anderen sind die Regelungen hierzu in der Strafprozessordnung noch relativ neu, sodass es immer wieder höchstgerichtliche Rechtsprechung zur Auslegung dieser Vorschriften gibt. Von diesen Urteilen lassen sich die Prüfer oftmals inspirieren. Schließlich wird der Deal – gerade in Prozessen mit prominenten Angeklagten – regelmäßig von der Tagespresse kritisch aufgegriffen und diskutiert.

Als Kandidat in der mündlichen Prüfung im 2. Examen sollte man sich also unbedingt im Vorfeld mit diesem Thema ausführlich beschäftigen! Die Entwicklung, die rechtspolitische Bewertung sowie die wesentlichen Normen der StPO stellen wir Dir daher im Folgenden kompakt dar.

Die Entwicklung bei der Verständigung im Strafverfahren

In der Strafprozessordnung sind zwar in verschiedenen Bereichen Absprachen zwischen den Prozessbeteiligten vorgesehen. Als Beispiel hierfür sind *§ 153a StPO* (Einstellung des Verfahrens gegen Auflage) und *§ 405 StPO* (Vergleich zwischen Adhäsionskläger und Angeklagtem) zu nennen. Der Deal unterscheidet sich aber von den genannten Absprachen darin, dass am Ende der Verständigung ein Urteil gesprochen wird. Der Angeklagte gibt ein (Teil-)Geständnis ab oder verzichtet auf das Stellen von Beweisanträgen, wenn ihm von Gericht und Staatsanwaltschaft ein bestimmtes Höchststrafmaß zugesichert wird.

Auch derartige Verständigungen waren bereits vor Aufnahme der gesetzlichen Regelungen im Strafverfahren üblich. Bundesverfassungsgericht und Bundesgerichtshof billigten sogar diese – im Gesetz nicht vorgesehene – Praxis in mehreren Urteilen, stellten jedoch hohe Anforderungen an die Voraussetzungen an einen rechtmäßigen Deal, um die strafprozessualen Verfahrensgrundsätze zu wahren. Bei den Instanzgerichten gab es trotz dieser Urteile von BVerfG und BGH stets Unsicherheit über die konkret einzuhaltenden Grenzen eines Deals.

In einer Entscheidung des Großen Senats aus dem Jahr 2005 mahnte dieser aus diesem Grunde schließlich ein Tätigwerden des Gesetzgebers zur Regelung des Deals an. Dem kam der Gesetzgeber nach und verabschiedete im Jahre 2009 das „Gesetz zur Regelung der Verständigung im Strafverfahren“.

2013 erklärte das Bundesverfassungsgericht die neu eingeführten Vorschriften zum Deal für (noch) verfassungsgemäß; es wies aber zugleich darauf hin, dass es seitens der Richter, Staatsanwälte und Verteidiger eine mangelnde Bereitschaft gebe, sich umfassend an diese Normen zu halten. Gerade dieses Verhalten der Prozessbeteiligten führt dazu, dass auch jetzt noch regelmäßig viele Revisionsentscheidungen des BGH ergehen, die sich mit der Auslegung der Vorschriften und der Einhaltung der im Gesetz genannten Voraussetzungen eines Deals beschäftigen.

Rechtspolitische Bewertung des Deals

Gegen die Möglichkeit des Deals im Strafprozess werden viele Kritikpunkte ins Feld geführt: Insbesondere würden derartige Verständigungen gegen das Legalitätsprinzip („Der staatliche Strafanspruch ist nicht disponibel – ein Geständnis darf nicht mit einer unverhältnismäßig milden Strafe erkauft werden“), gegen den Untersuchungsgrundsatz („Es besteht die Gefahr, dass das Gericht die materielle Wahrheit nicht mehr erforscht“) sowie gegen den Grundsatz der Öffentlichkeit („zumindest bei Verständigungen außerhalb der Hauptverhandlung„) verstoßen.

Ergänzender Hinweis:

Darüber hinaus ist auch ein Verstoß gegen die bestehende Unschuldsvermutung zu befürchten. Denn ein möglicher Deal kann einen Angeklagten derart unter Druck setzen, dass er eine Tat zugibt, die er nicht begangen hat.

Dieser Kritik wird entgegen gehalten, ein Deal könne gerade bei komplizierten Verfahren diese beschleunigen und die Belastung der Gerichte verringern. Zudem ermöglichen Verständigungen in sensiblen Verfahren, auf eine belastende Vernehmung des Opfers bzw. von Zeugen zu verzichten, wenn durch den Deal der Angeklagte zu einem Geständnis gebracht werden kann.

Kernvorschrift § 257c StPO: Umfang und Grenzen der Verständigung

§ 257c StPO ist die zentrale Vorschrift der Verständigung im Strafprozess. Danach ist ein Deal an folgende Voraussetzungen gebunden:

- Voraussetzung ist nach Absatz 1 Satz 1 der Norm eine „Verständigung" des Gerichts mit den Verfahrensbeteiligten. Auch die Staatsanwaltschaft muss also dem Deal zustimmen. Dies ergibt sich zudem ausdrücklich aus Absatz 3 Satz 4 der Vorschrift.

  Ergänzender Hinweis:

  Vor der Kodifizierung des Deals in der StPO reichte dem BGH eine „Zusage" des Gerichts gegenüber dem Angeklagten, bei einem Geständnis eine Strafobergrenze nicht zu überschreiten. Einer Zustimmung der Staatsanwaltschaft bedurfte es zur Wirksamkeit des Deals nicht.

- Die Verständigung darf sich nur auf die Rechtsfolgen, nicht aber den Schuldspruch als solchen beziehen.
  - Das bedeutet: Gesteht der Angeklagte im Rahmen eines Deals einen Sachverhalt, der strafrechtlich als Erpressung zu bewerten ist, darf sich das Gericht mit den Verfahrensbeteiligten nicht darauf verständigen, dass das Verhalten als bloße Nötigung zu bewerten ist.

- Innerhalb der Rechtsfolgen sind zudem Verständigungen über sämtliche Maßregeln der Besserung und Sicherung nach *§ 61 StGB* ausgeschlossen, vgl. Absatz 2 Satz 3.

§ 61 StGB lautet:

Maßregeln der Besserung und Sicherung sind

1. die Unterbringung in einem psychiatrischen Krankenhaus,

2. die Unterbringung in einer Entziehungsanstalt,

3. die Unterbringung in der Sicherungsverwahrung,

4. die Führungsaufsicht,

5. die Entziehung der Fahrerlaubnis,

6. das Berufsverbot.

- Unzulässig ist es zudem, eine bestimmte Strafe mit dem Angeklagten zu vereinbaren. Dies ergibt sich mittelbar aus Absatz 3 Satz 2 der Vorschrift, wonach es dem Gericht – nur – gestattet ist, eine Ober- und Untergrenze der möglichen Strafe anzugeben.

- Möglich ist eine Verständigung der Verfahrensbeteiligten über eine Aussetzung der Vollstreckung einer Freiheitsstrafe auf Bewährung (*§ 56 StGB*).

• Neben den Rechtsfolgen können auch „sonstige verfahrensbezogene Maßnahmen im Erkenntnisverfahren“ Teil einer Verständigung sein. So kann das Gericht zB bei entsprechender Vereinbarung von einer Beweisaufnahme absehen.

- Es ist es inhaltlich unzulässig, einen Rechtsmittelverzicht in die Verständigung zwischen Gericht und den Verfahrensbeteiligten aufzunehmen. Dies ergibt sich nunmehr ausdrücklich aus *§ 302 Abs. 1 S. 2 StPO*.

Haben das Gericht und die Prozessbeteiligten eine Verständigung erzielt, sind grundsätzlich alle Beteiligten an diese gebunden. Insbesondere darf das Gericht von einer Strafobergrenze trotz Deal nur dann abweichen, wenn sich nach der Verständigung neue, bislang nicht bekannte Umstände zu Lasten des Angeklagten ergeben. Über diese Möglichkeit einer Abweichung des Gerichts von einer Verständigung ist der Angeklagte in jedem Fall zu belehren.

Ergänzende Vorschriften zum Deal in der StPO

§ 35a StPO: Nicht nur ist die Aufnahme eines Rechtsmittelverzichts nach *§ 302 Abs. 1 S. 2 StPO* in eine Verständigung unzulässig. Darüber hinaus ist der Angeklagte nach *§ 35a S. 3 StPO* in der Rechtsmittelbelehrung ausdrücklich darauf hinzuweisen, dass er „in jedem Fall frei in seiner Entscheidung ist, ein Rechtsmittel einzulegen" (qualifizierte Belehrung).

§ 273 StPO: Im Protokoll der Hauptverhandlung sind der wesentliche Ablauf und Inhalt sowie das Ergebnis einer Verständigung in der Hauptverhandlung festzuhalten. Gleiches gilt für die Mitteilungen und Belehrungen nach *§ 257c Abs. 4 und 5 StPO*. Hat in der Hauptverhandlung eine Verständigung nicht stattgefunden, ist auch dies im Protokoll zu vermerken („Negativattest")! Diese

Regelung bezweckt, heimliche Absprachen unter Umgehung der gesetzlichen Anforderungen auszuschließen.

§ 267 StPO: Nach Absatz 3 Satz 5 der Norm ist auch in den Urteilsgründen anzugeben, dass dem Urteil eine Verständigung vorausgegangen ist.

Weitere Fragen im Zusammenhang mit dem Thema Verständigung im Strafprozess

Macht ein Prüfer „Deals“ zum Thema seiner Prüfung, sind in den Protokollen auch noch folgende Fragen zu finden:

» *Ist Voraussetzung eines Deals im Sinne des § 257c StPO, dass der Angeklagte ein (glaubwürdiges) Geständnis ablegt?*

Ein Geständnis „soll“ nach *§ 257c Abs. 2 S. 2 StPO* Bestandteil einer jeden Verständigung sein; zwingend ist dies aufgrund des eindeutigen Wortlauts der Norm jedoch nicht.

Ist aber ein Geständnis des Angeklagten Bestandteil der Verständigung, muss dieses zwingend auch glaubwürdig sein. Hat das Gericht Zweifel an der Richtigkeit, gebietet es der Untersuchungsgrundsatz, dass das Gericht den wahren Sachverhalt ermittelt und folglich das unglaubwürdige Geständnis nicht zur Grundlage der Verständigung macht. Dies stellt *§ 257c Abs. 1 S. 2 StPO* klar, wonach die Vorschrift des *§ 244 Abs. 2 StPO* durch die Norm unberührt bleibt.

» Gegen einen Angeklagten sind derzeit zwei Strafverfahren anhängig. Ist eine Verständigung nach § 257c StPO in einem der Strafverfahren in der Form möglich, dass bei Ablegen eines Geständnisses das andere Strafverfahren eingestellt wird?

Nein. Gemäß *§ 257c Abs. 2 S. 1 StPO* sind Verständigungen nur „im zugrundeliegenden Erkenntnisverfahren" möglich. Ein anderes bei diesem oder einem anderen Gericht anhängiges Strafverfahren kann also nicht Gegenstand eines Deals sein.

» Ein Nebenkläger widerspricht der zwischen Gericht, Angeklagtem und Staatsanwalt getroffenen Verständigung. Was ist die Folge?

Die Verständigung bleibt wirksam. Ein Nebenkläger muss zwar vor der Verständigung zum Inhalt des Deals gehört werden. Eine Zustimmung des Nebenklägers ist aber nicht erforderlich, vgl. *§ 257c Abs. 3 S. 4 StPO*.

» Sind Verständigungen im Jugendstrafrecht möglich?

Verständigungen des Gerichts mit den Verfahrensbeteiligten sollen nach *§ 257c Abs. 1 S. 1 StPO* nur in „geeigneten Fällen" möglich sein. Diese Voraussetzung schließt zwar rechtlich nicht aus, dass auch in einem Strafverfahren gegen einen Jugendlichen zwischen den Beteiligten ein Deal geschlossen wird. Allerdings dürften unter erzieherischen Gesichtspunkten Jugendstrafverfahren in aller Regel ungeeignet für eine Verständigung sein.

» Es ist fraglich, ob auf einen Heranwachsenden Jugendstrafrecht oder Erwachsenenstrafrecht Anwendung finden soll. Können die Verfahrensbeteiligten mit dem Gericht hierüber eine Verständigung erzielen?

Aufgrund eines Umkehrschlusses aus *§ 257c Abs. 2 S. 3 StPO* dürfte dies zulässig sein. Denn nach dieser Vorschrift dürfen lediglich der Schuldspruch sowie Maßregeln der Sicherung und Besserung nicht Gegenstand der Verständigung sein.

Auszüge aus den Prüfungsprotokollen

» Danach wollte XXX die verschiedenen Möglichkeiten der Verfahrenserledigung wissen:

1. Verschiedene Möglichkeiten der Einstellung (§§ 153, 153a StPO)

2. Strafbefehl (§ 407 StPO)

3. Verständigung, sog. „Deal“ (§ 257c StPO).

Für den „Deal“ interessierte er sich verstärkt; neben den Voraussetzungen wollte er insbesondere wissen, was der problematische Aspekt an der Lage vor der Schaffung der Norm gewesen sei (insbesondere: Öffentlichkeit nicht beteiligt). Im Anschluss wollte er wissen, wo die Öffentlichkeit des Verfahrens geregelt ist (§ 169 GVG) und ob das in Verfahren vor den Jugendgerichten ebenso gelte (Nein, diese sind nicht öffentlich, § 48 JGG).

» Gegen den Angeklagten wurde Anklage bei der großen Strafkammer erhoben. Der Angeklagte befindet sich wegen Fluchtgefahr in U-Haft. Der Verteidiger sucht in der Folge das Gespräch mit der Kammer. An dem Gespräch nahmen lediglich der Vorsitzende der Kammer und der Berichterstatter teil.

Der Verteidiger schlägt dem Vorsitzenden folgendes vor: Verschonung von der U-Haft gegen Kaution, sowie eine Verständigung auf eine Bewährungsstrafe gegen Geständnis und Schadenswiedergutmachung.

Der Vorsitzende lehnt dies kategorisch ab, mit dem Hinweis, die Kammer schließe grundsätzlich keine „Deals". Der Verteidiger bittet daraufhin den Vorsitzenden keinen Vermerk über das Gespräch anzufertigen.

Im Folgenden sollte der Fall in prozessualer Hinsicht eingeordnet und die möglichen Probleme herausgearbeitet werden. Insbesondere sollte herausgearbeitet werden, dass hier zunächst im Hinblick auf den Deal anzumerken ist, dass eine Beteiligung der Staatsanwaltschaft und der Schöffen fehlt. Weiter wurde erörtert, inwiefern ein Deal bereits vor Eröffnung der Hauptverhandlung möglich ist - § 257c StPO gilt nur im Hauptverfahren, für das Zwischenverfahren greift § 202a StPO. Auch inwiefern auf einen Vermerk über ein stattgefundenes Gespräch verzichtet werden kann („ist aktenkundig zu machen"), sollte diskutiert werden. Die schriftliche Fixierung dient hier grundsätzlich der Transparenz des Verfahrens.

Dann sollte sich mit der Frage auseinandergesetzt werden, ob eine Kammer – wie hier geschehen – grundsätzlich ablehnen kann, Deals einzugehen. Hierfür sollten Argumente gesammelt werden. Denkbar wäre insbesondere, dass dies unter dem Aspekt des Art. 3 GG möglich sein muss. Auch die grundlegende Kritik am „Deal“ wurde hier erörtert: Ablegung von „falschen“ Geständnissen, um nicht wegen weitergehender Straftaten verurteilt zu werden, sowie die Problematik, dass der Angeklagte nach einer Verständigung im Zwischenverfahren sich im anschließenden Hauptverfahren dem „Druck“ ausgesetzt sieht auch tatsächlich zu gestehen (ggf. Kollision mit nemo-tenetur-Grundsatz).

» Die Prüfung war zweigeteilt. Am Anfang musste man sich kritisch über den dt. Strafprozess äußern. Die Einleitung des XXX war: „Die Deutsche Jugend wird immer unkritischer! Beweisen Sie mir, dass das nicht so ist und nennen Sie Entwicklungen im dt. Strafprozess, die Sie kritisch sehen.“ Wir sollten hierzu Paragraphen und bedeutende Fälle nennen. Rechtspolitische Entwicklungen wie die geplante Reform des § 211 StGB wurden ausdrücklich ausgeschlossen.

Es wurde unter anderem der „Deal“ § 257c StPO genannt. XXX wollte wissen, wann dieser in die StPO aufgenommen wurde (steht in der Fußnote zu § 257c StPO) und wie der „Deal“ vor der Aufnahme in die StPO geregelt war.

» Zudem wollte XXX ein paar Informationen zum „Deal“ im Strafverfahren § 257c StPO haben. Wir arbeiteten zunächst heraus, dass die Verständigung auf „Punktstrafen“ nicht möglich ist. Vielmehr darf nur eine Strafobergrenze und -untergrenze Gegenstand einer Verständigung sein. Zudem trat die Frage auf, ob im Rahmen eines Deals auch vereinbart werden kann, dass keine Beweisanträge gestellt werden. Diese Frage sollte mit der Lektüre des § 257c StPO gelöst werden. Ein Lesen der Vorschrift im Vorfeld der Prüfung dürfte also nicht schaden.

☆★★★★

Strafrecht

Thema

Rechtsbehelfe (und -mittel) im strafprozessualen Verfahren

Bemerkungen

So wie schon in den strafrechtlichen Klausuren bleibt auch in der mündlichen Prüfung im 2. Examen das Thema Rechtsbehelfe bzw. Rechtsmittel – insbesondere natürlich die Revision – sehr wichtig. Nicht selten beginnt die Strafrechtsprüfung damit, dass laut Prüfer ein gerade verurteilter Straftäter zum Anwalt kommt und berichtet, er sei zB zu einer Freiheitsstrafe von 1 Jahr auf Bewährung verurteilt worden. Nun ist es Aufgabe der Kandidaten, den vom Mandanten geschilderten Sachverhalt auf materiellrechtliche und prozessuale Fehler hin zu untersuchen und die Erfolgsaussichten einer Berufung / Revision zu beurteilen.

Ergänzender Hinweis:

Oftmals wird gleich hier die Frage gestellt, von welchem Spruchkörper das Urteil wohl stammt, und anschließend der Instanzenzug sowie die Besetzung der Gerichte detailliert besprochen.

Im Folgenden möchten wir die Rechtsbehelfe im Strafprozess kompakt darstellen, um eine schnelle Wiederholung des Themas zur Vorbereitung auf Deine mündliche Prüfung zu ermöglichen; Schwerpunkt sind hierbei die prüfungsrelevanten Rechtsmittel.

Übersicht über die Rechtsbehelfe im Strafrecht

Rechtsmittel

Die Strafprozessordnung kennt folgende Rechtsmittel, die grundsätzlich einen Devolutiveffekt (Verfahren kommt in die nächsthöhere Instanz) und Suspensiv-effekt (kein Eintritt der Rechtskraft sowie Vollstreckbarkeit der Entscheidung ist gehindert) haben:

- Beschwerde in Form der einfachen (*§ 304 StPO*), der sofortigen (*§ 311 StPO*) und der weiteren (*§ 310 StPO*) Beschwerde
- Berufung (*§§ 312 ff. StPO*)
- Revision (*§§ 333 ff. StPO*)

Weitere (förmliche) Rechtsbehelfe

Darüber hinaus sieht die Strafprozessordnung insbesondere folgende weitere Rechtsbehelfe vor:

- Wiedereinsetzung in den vorigen Stand (*§§ 44 ff. StPO*)
- Einspruch gegen einen Strafbefehl (*§ 410 StPO*)
- Antrag auf Wiederaufnahme des Verfahrens (*§§ 359 ff. StPO*)

- Antrag auf gerichtliche Entscheidung nach *§ 319 Abs. 2 StPO* und *§ 346 Abs. 2 StPO*

Beschwerde

Einfache Beschwerde

Die einfache Beschwerde kann gegen alle Entscheidungen des Gerichts, die nicht Urteile sind (also Beschlüsse und Verfügungen) erhoben werden.

Die Beschwerde ist einzulegen bei dem Gericht, von dem die angefochtene Entscheidung erlassen wurde (iudex a quo, vgl. *§ 306 StPO*; das Gericht der höheren Instanz nennt man im Gegensatz dazu „iudex ad quem".). Soweit dieses Gericht nach der Prüfung der Auffassung ist, dass die Beschwerde begründet ist, kann es seine frühere Entscheidung aufheben bzw. abändern. Andernfalls legt es die Beschwerde dem nächsthöheren Gericht (dem sog. Beschwerdegericht) zur Entscheidung vor.

Durch die Einlegung einer Beschwerde wird nach *§ 307 StPO* der Vollzug der angefochtenen Entscheidung allerdings idR nicht gehemmt! Bei einer Beschwerde gegen einen Haftbefehl wird der Beschuldigte also nicht solange aus der Haft entlassen, bis das Beschwerdegericht eine Entscheidung über die Beschwerde gefällt hat.

Ergänzender Hinweis:

Die Beschwerde ist zwar ein Rechtsmittel, das allerdings – bis auf wenige Ausnahmen – keinen Suspensiveffekt hat.

Die einfache Beschwerde kann unbefristet eingelegt werden und muss keine Begründung enthalten. Die Beschwerde zu begründen ist allerdings in der Praxis zu empfehlen.

Sofortige Beschwerde

Im Gegensatz zur einfachen Beschwerde ist die sofortige Beschwerde nur in den Fällen statthaft, in denen das Gesetz dies ausdrücklich bestimmt. Im Vergleich zur einfachen Beschwerde bestehen gemäß *§ 311 StPO* zwei Unterschiede:

- Die sofortige Beschwerde ist innerhalb einer Woche nach Bekanntgabe der angefochtenen Entscheidung einzulegen.
- Zwar ist auch die sofortige Beschwerde bei dem Gericht einzulegen, das die angefochtene Entscheidung erlassen hat. Dieses Gericht darf der Beschwerde aber nicht selbst abhelfen, sondern muss diese zwingend dem Beschwerdegericht vorlegen. Es findet also kein Abhilfeverfahren statt.

Weitere Beschwerde

Grundsätzlich sind Beschwerdeentscheidungen selbst nicht anfechtbar. Nur in den in *§ 310 Abs. 1 StPO* genannten Fällen kann gegen Beschlüsse, die auf Beschwerde hin erlassen worden sind, eine sogenannte weitere Beschwerde zum nächsthöheren Gericht eingereicht werden.

§ 310 StPO lautet:

„Beschlüsse [...] können durch weitere Beschwerde angefochten werden, wenn sie

1. eine Verhaftung,

2. eine einstweilige Unterbringung oder

3. eine Anordnung des dinglichen Arrestes [...] über einen Betrag von mehr als 20.000 Euro

betreffen."

Berufung

Das Rechtsmittel der Berufung ist möglich gegen Urteile des Amtsgerichts. Die Berufung ermöglicht eine vollständige Überprüfung des erstinstanzlichen Urteils. Es folgt also eine zweite Tatsacheninstanz mit einer neuen Hauptverhandlung, die mit einigen Modifikationen derjenigen in der ersten Instanz entspricht. Das Berufungsgericht nimmt eine eigene Beweiswürdigung, eine eigene materiell-rechtliche Bewertung der Tat und eine eigene Strafzumessung vor.

Statthaft ist die Berufung nur gegen Urteile des Amtsgerichts (*§ 312 StPO*). Sie ist nach *§ 314 StPO* innerhalb einer Woche nach Verkündung des Urteils schriftlich oder zu Protokoll der Geschäftsstelle des jeweiligen Gerichts einzulegen. Einer Begründung bedarf die Berufungseinlegung nicht.

Ergänzender Hinweis:

Legt dagegen die Staatsanwaltschaft Berufung ein, ist diese nach RiStBV 156 I gehalten, die Berufung zu begründen!

Revision

Durch das Rechtsmittel der Revision wird das angegriffene Urteil ausschließlich auf Rechtsfehler hin untersucht. So wird das Urteil auf logische Fehler (Verstöße gegen die Denkgesetze), auf Fehler in der Anwendung des materiellen Rechts oder auf Verstoß gegen prozessuale Vorschriften überprüft.

Die Revision ist innerhalb einer Frist von einer Woche ab Urteilsverkündung einzulegen (vgl. *§ 341 StPO*). Zudem muss die Revision innerhalb einer weiteren Frist von einem Monat nach Ablauf der Einlegungsfrist bzw. Urteilszustellung begründet werden (*§ 345 StPO*). Wichtig ist, dass die schriftliche Revisionsbegründung durch einen Strafverteidiger erfolgen muss.

Ergänzender Hinweis:

Der Anwaltszwang betrifft ausschließlich die Begründung der Revision, nicht aber die Einlegung der Revision!

Der Rechtsanwalt muss dabei hinter den tatsächlichen Behauptungen der Revisionsbegründung stehen, was sich auch aus den Formulierungen ergeben muss. Es reicht nicht aus, wenn der Anwalt offensichtlich nur die Ansichten des Mandanten wiedergibt und die Begründung lediglich (ohne eigene Überzeugung) unterschreibt.

Die zulässige Revision ist gemäß *§ 337 StPO* begründet, wenn

- das Urteil ein Gesetz verletzt, also eine Rechtsnorm nicht oder nicht richtig angewendet worden ist, und
- das Urteil auf der Gesetzesverletzung beruht.

Eine Gesetzesverletzung ist gegeben bei bestehenden Verfahrenshindernissen, bei einem Verstoß gegen Verfahrensvorschriften („Verfahrensrüge“) sowie dann, wenn bei der Anwendung des materiellen Rechts auf den festgestellten Sachverhalt Fehler gemacht worden sind („Sachrüge“).

Weitere Fragen im Zusammenhang mit den Rechtsbehelfen und Rechtsmitteln im strafprozessualen Verfahren

In den Prüfungsprotokollen, in denen es um die Rechtsmittel der StPO ging, sind wir auch auf folgende Fragen gestoßen:

» Bei welchen strafprozessualen Rechtsmitteln gilt das Verschlechterungsverbot („reformatio in peius“)?

Das Verschlechterungsverbot gilt für Berufung, Revision und Wiederaufnahme, vgl. *§§ 331 Abs. 1, 358 Abs. 2, 373 Abs. 2 StPO*. Für Beschwerden gilt dieses Verbot mangels gesetzlicher Anordnung dagegen grundsätzlich nicht.

» Wann ist eine einfache Beschwerde, wann eine sofortige Beschwerde statthaftes Rechtsmittel?

Eine Beschwerde ist nur dann in Form einer sofortigen Beschwerde einzulegen, wenn das Gesetz dies ausdrücklich so vorsieht.

» Was ist das zulässige Rechtsmittel gegen ein amtsgerichtliches Urteil?

Gegen ein erstinstanzliches Urteil des Amtsgerichts ist sowohl die Berufung als auch die Revision („Sprungrevision“) mögliches und zulässiges Rechtsmittel.

» Ein Verteidiger möchte sich zunächst offen halten, ob er Berufung oder Revision gegen ein Strafurteil des Amtsgerichts einlegt. Wie läuft dies praktisch ab?

Der Verteidiger legt einfach nur „Rechtsmittel“ gegen das Urteil ein, ohne dies näher zu bezeichnen. Dies ist zulässig, wie sich aus *§ 300 StPO* ergibt. Danach ist sogar eine falsche Bezeichnung des Rechtsmittels unschädlich. Die Frist zur Einlegung des Rechtsmittels ist so jedenfalls gewahrt.

Entscheidet sich der Verteidiger für eine Revision, reicht er die Revisionsbegründung innerhalb der Frist von einem Monat nach Ablauf der Einlegungsfrist ein. Entscheidet er sich für die Berufung als Rechtsmittel, stellt er dies einfach per Schriftsatz klar; einer Begründung bedarf die Berufung ja gerade nicht.

Ergänzender Hinweis:

In der Praxis läuft die Monatsfrist zur Begründung der Revision nahezu immer erst mit Zustellung des Urteils. Denn in aller Regel schaffen es die Gerichte nicht, das Urteil innerhalb der Einlegungsfrist zuzustellen.

» *Was sind Beispiele für Verfahrenshindernisse, die das Revisionsgericht von Amts wegen zu prüfen hat?*

Zu den Verfahrenshindernissen zählen zB Mängel in der sachlichen Zuständigkeit (Bsp.: ein Strafrichter verurteilt einen Angeklagten wegen eines Verbrechens), das Fehlen eines notwendigen Strafantrags, das Vorliegen der Verjährung der angeklagten Tat sowie das Fehlen einer ordnungsgemäßen Anklage (Bsp.: das Gericht verurteilt den Angeklagten wegen einer [weiteren] prozessualen Tat, die gar nicht Gegenstand der Anklage war).

» *Was ist der Unterschied zwischen absoluten und relativen Revisionsgründen?*

Die absoluten Revisionsgründe sind in *§ 338 StPO* abschließend aufgezählt. Diese Vorschrift stellt die unwiderlegbare Vermutung auf, dass das Urteil auf einer Verletzung der in der Norm genannten Verfahrensbestimmungen beruht.

Ergänzender Hinweis:

Die Vorschrift des § 338 StPO ist zu lang, um in einer mündlichen Prüfung durch Lesen der Norm festzustellen, ob ein möglicher Fehler dort als absoluter Revisionsgrund aufgeführt ist. Man sollte sich die Norm also unbedingt vor der mündlichen Prüfung (zur Auffrischung) einmal durchlesen!

Bei allen anderen Verfahrensfehlern (relativen Revisionsgründen) muss das Beruhen gesondert festgestellt werden.

» Wie hoch sind die Anforderungen, die die Rechtsprechung an das „Beruhen" des Urteils auf einem Rechtsfehler stellt?

Die Anforderungen sind eher gering. Ein Beruhen ist bereits dann zu bejahen, wenn es nur möglich erscheint, dass das Urteil ohne den Fehler anders ausgefallen wäre.

» Ein Verteidiger ist der Ansicht, dass eine Durchsuchung durch die Polizei rechtswidrig war, weil diese nicht von einem Richter angeordnet war. Nach der Verurteilung seines Mandanten überlegt er, ob in der rechtswidrigen Durchsuchung ein relativer Revisionsgrund zu sehen ist. Zu Recht?

Grundsätzlich ist ein Verstoß gegen *§ 105 StPO* nicht reversibel. Denn für eine Revision relevante Fehler kann nur das Gericht, nicht aber die Polizei begehen. Ein relativer Revisionsgrund kann aber in der Verwertung des Durchsuchungsergebnisses durch das Gericht gesehen werden. Möglicher Revisionsgrund ist also nicht ein Verstoß der Polizei gegen *§ 105 StPO*, sondern ein Verstoß des Gerichts gegen *§ 261 StPO*.

» *Was versteht man unter einem Darlegungs- oder Darstellungsmangel, den man mit einer Sachrüge angreifen kann?*

Ein Strafurteil muss aus sich heraus die Verurteilung des Angeklagten begründen können. Enthält das Urteil Lücken, die dazu führen, dass der Leser die Tat nicht unter die angeblich verwirklichten Straftatbestände subsumieren kann, spricht man von einem Darstellungsmangel.

» *Ist die Strafzumessung im Rahmen einer Revision überprüfbar?*

Grundsätzlich nein. Eine zu harte oder milde Strafe stellt für sich genommen keinen Rechtsfehler dar. Ein reversibler Fehler kann allein in der Anwendung der Normen zur Ermittlung einer Strafe liegen – zB zur Berechnung einer Gesamtstrafe (*§ 54 StGB*) oder die falsche Berücksichtigung gesetzlicher Milderungsgründe (*§ 49 StGB*).

» *Was passiert, wenn ein Angeklagter gegen das Urteil Berufung einlegt und der Mitangeklagte gegen das Urteil aber mit einer Revision angreift?*

Gemäß *§ 335 Abs. 3 StPO* wird die eingelegte Revision als Berufung behandelt. Grund hierfür ist, dass demjenigen, der die Revision eingelegt hat, nicht die nunmehr folgende zweite Tatsacheninstanz beim Berufungsgericht vorenthalten werden soll. Es bleibt ihm ja zudem unbenommen, gegen das Berufungsurteil dann später Revision einzulegen.

» A und B werden als Mittäter vor dem Landgericht zu Freiheitsstrafen verurteilt. A legt gegen das Urteil erfolgreich Revision ein; B hatte dagegen die Rechtsmittelfrist verstreichen lassen. Was ist die Folge?

Die Urteilsaufhebung wirkt nach *§ 357 StPO* auch zugunsten des Mitangeklagten („Urteilsaufhebung über den Kopf des Mitangeklagten hinweg"). Dies soll eine Ungleichheit bei der Aburteilung mehrerer Angeklagter verhindern.

Ergänzender Hinweis:

Auf das Berufungsverfahren findet § 357 StPO dagegen keine entsprechende Anwendung! Der Mitangeklagte profitiert dann also nicht.

Auszüge aus den Prüfungsprotokollen

» Ein Strafverfahren wurde vor der 3. großen Strafkammer verhandelt, obwohl nach Geschäftsverteilungsplan die 4. Strafkammer zuständig gewesen wäre. Das Präsidium des Landgerichts hatte die Sache bzw. die Zuständigkeit für die Buchstaben, zu denen auch diese Sache gehörte, an die 3. Strafkammer vergeben, da die 4. Strafkammer überlastet war.

Ist hier der Wechsel der Zuständigkeit zulässig. Ja, unter den Voraussetzungen des § 21e Abs. 3 S. 2 GVG. Wer trifft diese Entscheidung? Das Präsidium!

Wie rügt man einen solchen Mangel in der Revision? Durch eine Verfahrensrüge! Daran schloss sich die Frage nach den Begründungsanforderungen der Verfahrensrüge an und in welchem Fall auf die Darlegung des Beruhens verzichtet werden kann: Bei absoluten Revisionsgründen nach § 338 StPO.

Was sind die Darlegungsanforderungen bei der Sachrüge? Die Behauptung von materiellrechtlichen Fehlern reicht aus.

Darauf folgte die Frage, wie der Fehler in der Zuständigkeit praktisch belegt werden kann. Hier begann ein längeres Raten. Herr XXX hatte konkrete Vorstellungen, was er hören wollte, was nicht sofort klar wurde. Hier sollten wir den Geschäftsverteilungsplan, die Ladungen zu den Präsidiumssitzungen mitsamt der Tagesordnung für diese Sitzungen und die Überlastungsanzeige der Kammer mit der Dokumentation ihrer Fallzahlen zusammentragen.

» Dann wollte Frau XXX wissen, wie sich der Verurteilte gegen Urteile des Landgerichts wehren kann. Hier nannten wir die Revision und sollten die Sprungrevision nach § 335 StPO abgrenzen. Danach wollte sie noch wissen, welche Arten von Revisionsgründen es gibt (absolute und relative) und wie diese sich von einander unterscheiden (das Urteil muss auf den Fehlern beruhen, wobei bei den absoluten Revisionsgründen nach § 338 StPO das Beruhen vermutet wird).

Schließlich wollte Frau XXX noch wissen, ob und in welchem Fall die Revision begründet werden muss (§ 344 StPO).

★★★★★

Strafrecht

Thema

Materielles Strafrecht

Bemerkungen

Rein materiell-rechtliche Strafrechtsprüfungen gibt es – anders als im Referendarexamen – im Assessorexamen so gut wie nie. Vielmehr zeigt eine Auswertung der bei uns eingereichten Protokolle, dass in der mündlichen Prüfung des 2. Staatsexamens Fragen zum strafprozessualen Recht in aller Regel einen erheblichen Umfang einnehmen.

Trotz alledem bleibt das materielle Recht natürlich auch in der mündlichen Prüfung im 2. Examen sehr wichtig. Die Prüfer stellen in der Regel einen oder mehrere Fälle. Diese sind dann von den Kandidaten zum einen materiell-rechtlich zu lösen; zum anderen baut der Prüfer an passender Stelle Fragen zum Prozessrecht ein. Es bleibt also dabei, dass vom Prüfling auch erwartet wird, das materielle Strafrecht zu beherrschen.

Genauso wie schon im Zivilrecht kann aufgrund der enormen thematischen Bandbreite des materiellen Strafrechts eine Auswertung der Protokolle nicht zu Standardfragen führen, die auffällig oft in der mündlichen Prüfung gestellt werden. Wir werden daher nicht willkürlich Fragen auflisten und suggerieren, dass man gut vorbereitet in die mündliche Prüfung geht, wenn man sich bloß mit diesen Fragen ausführlich beschäftigt hat. Vielmehr können wir im Folgenden nur ein paar punktuelle Hinweise zur Vorbereitung auf das materielle Strafrecht geben.

Allgemeine Hinweise

Zunächst einmal gelten die bereits zur Vorbereitung des materiellen Zivilrechts dargestellten Hinweise für die Vorbereitung auf die mündliche Strafrechtsprüfung gleichermaßen:

- In aller Regel sind alle gestellten Fälle mit guten Grundlagenkenntnissen zu lösen. Die gängigsten Definitionen der wichtigsten Straftatbestände (zB die Mordmerkmale) sollte man natürlich können; es kommt den Prüfern aber weniger darauf an, dass man die fünfte und sechste Theorie zum Erlaubnistatbestandsirrtum aufsagen kann.
- Man sollte die erforderliche Wiederholung des materiellen Rechts vor allem auf die wichtigsten und praktisch relevantesten Straftatbestände ausrichten. Man kann nach der Auswertung der Protokolle in jedem Fall festhalten, dass im 2. Examen Straftatbestände wie Mord, Diebstahl, Betrug, Körperverletzung, Sachbeschädigung oder Trunkenheit im Verkehr deutlich häufiger Gegenstand der mündlichen Prüfung sind als die spezielleren Tatbestände wie Urkundenfälschung oder falsche uneidliche Aussage.

- Bei manchen Prüfern gelingt es anhand der vorhandenen Protokolle oder aber auch aus der beruflichen Tätigkeit heraus zumindest eine Tendenz zu erkennen, welche Straftatbestände dieser häufig zum Gegenstand seiner Prüfung macht.

Bei Staatsanwälten sollte man in jedem Fall in Erfahrung bringen, ob dieser in der Abteilung für Allgemeine Strafsachen tätig ist oder ob er in einem speziellen Dezernat der Staatsanwaltschaft arbeitet. Denn es ist naheliegend, dass ein Staatsanwalt insbesondere Fälle aus den Rechtsgebieten zum Gegenstand seiner Prüfung macht, mit denen er sich in seiner täglichen Arbeit beschäftigt.

Aktuelle Rechtsprechung im Auge behalten

Genauso wie im Zivilrecht greifen die Prüfer auch im Strafrecht gerne aktuelle Urteile oder rechtspolitische Diskussionen auf und machen diese zum Thema ihrer mündlichen Prüfung. Man sollte daher in den Wochen vor der eigenen mündlichen Prüfung die neuere, examensrelevante Rechtsprechung im Auge behalten!

Wir helfen Dir dabei, indem wir tagesaktuell alle bei uns eingereichten Protokolle daraufhin überprüfen, ob den in der Prüfung behandelten Sachverhalten aktuelle Urteile oder rechtspolitische Diskussionen zugrunde liegen, und diese examensrelevante Rechtsprechung dann für Dich aufbereiten. Das Ergebnis findest Du in unserem Insider-Dossier „Aktuelle Rechtsprechung in der mündlichen Prüfung im 2. Examen“, das wir den Bestellern von Protokollen auf unserer Seite zum Download anbieten.

☆☆★★★

Strafrecht

Thema

Prüfungsgespräch mit weiteren Fragen aus dem Strafrecht

Bemerkungen

Im Folgenden gehen wir im Stile eines Prüfungsgesprächs noch auf weitere Themen ein, auf die wir im Rahmen unserer Auswertung der Protokolle ebenfalls gestoßen sind. Auch diese Fragen und Themen waren – wenn auch nicht so häufig wie die zuvor dargestellten Themen – das ein oder andere Mal Gegenstand der mündlichen Strafrechtsprüfung. Zur bestmöglichen Vorbereitung auf die mündliche Prüfung sollte man sich daher auf jeden Fall auch mit den folgenden Fragen sorgfältig beschäftigen.

» Fall 1: Sie sind Staatsanwalt. Am Morgen liegt auf ihrem Tisch eine neue Akte. Danach ging der Beschuldigte B in einem Supermarkt zu dem dortigen Zeitschriftenregal und entnahm einen "Playboy" für 5 €. Mit diesem lief er zur Selbstbedienungskasse. Dort scannte er nicht den auf dem "Playboy" befindlichen Strichcode ein, sondern hielt den zuvor von der Tageszeitung "WAZ" ausgerissenen Strichcode, den er in seinem Portemonnaie mit sich geführt hatte, unter das Lesegerät. Die Kasse warf daraufhin den

Preis für eine "WAZ" von 1,20 € aus, welchen der Angeklagte bezahlte. Sodann verließ er mit dem "Playboy" das Geschäft. Dabei wurde er vom Detektiv des Supermarkts beobachtet. Was machen Sie nun?

Als Staatsanwalt ist zu prüfen, ob gegen den B ein Ermittlungsverfahren einzuleiten ist. Auch wenn es das Ziel eines Ermittlungsverfahrens ist festzustellen, ob ein hinreichender Tatverdacht besteht, um dann Anklage zu erheben, reicht für die Einleitung des Ermittlungsverfahrens ein Anfangsverdacht aus.

» *Wann liegt denn ein Anfangsverdacht vor?*

Ein Anfangsverdacht gemäß *§ 152 Abs. 2 StPO* ist gegeben, wenn zureichende tatsächliche Anhaltspunkte dafür bestehen, dass eine Straftat vorliegt.

Ergänzender Hinweis:

Die unterschiedlichen Verdachtsstufen sind an vielen Stellen der StPO relevant; dementsprechend oft werden die Definitionen zu den Verdachtsarten von den Prüfern abgefragt.

» *In diesem Fall hat die Staatsanwaltschaft durch eine polizeiliche Ermittlung Kenntnis von einer Straftat bekommen. Was kann darüber hinaus eine staatsanwaltliche Ermittlung begründen?*

Ein Strafantrag, eine Strafanzeige oder ein Umstand, durch den der Staatsanwalt „auf anderem Wege" Kenntnis von einer möglichen Straftat erlangt.

Beispiele für die Kenntniserlangung „auf anderem Wege" sind die gerade angedeutete Weitergabe von Akten durch andere Behörden sowie zB der Bericht über Straftaten in Rundfunk oder Presse.

» Worin unterscheiden sich Strafanzeige und Strafantrag?

Eine Strafanzeige (*§ 158 StPO*) ist eine bloße Mitteilung durch Dritte über eine möglicherweise begangene Straftat. Sie ist eine bloße Anregung, einen bestimmten Sachverhalt strafrechtlich zu überprüfen und ggf. ein Ermittlungsverfahren einzuleiten.

Ein Strafantrag (*§ 158 StPO iVm §§ 77 ff. StGB*) enthält den über eine bloße Mitteilung hinausgehenden, ausdrücklichen Wunsch des nach dem Gesetz zum Strafantrag Befugten zur Strafverfolgung. Er ist Prozessvoraussetzung, ohne den eine Bestrafung nicht möglich ist.

» Zurück zum Fall. Liegt denn ein Anfangsverdacht vor, dass durch B eine Straftat begangen wurde bzw. welche Straftat könnte der B denn begangen haben?

Ergänzender Hinweis:

Dem Fall liegt eine Entscheidung des OLG Hamm vom 08. 08. 2013 zugrunde und wird so oder in abgewandelter Form des Öfteren zum Gegenstand der mündlichen Strafrechtsprüfung gemacht.

Möglich erscheint zunächst, dass das Verhalten des B den Tatbestand eines Computerbetruges gemäß *§ 263a Abs. 1 StGB* erfüllt.

Voraussetzung hierfür wäre allerdings eine Beeinflussung des Ergebnisses des Datenverarbeitungsvorgangs, welcher in der Entsprechung zu *§ 263 StGB* an die Stelle der (irrtumsbedingten) Vermögensverfügung tritt. Der Tatbestand des *§ 263a StGB* erfordert also, dass die Manipulation des Datenverarbeitungsvorgangs unmittelbar eine vermögensrelevante Disposition des Computers verursacht.

Hier führt aber das Einscannen des Strichcodes der "WAZ" allein zu der Anzeige eines im Verhältnis zu den tatsächlich ausgewählten Zeitschriften geringeren Kaufpreises. Diese Anzeige bewirkt noch keinen verfügungsähnlichen Vorgang, der sich als unmittelbare Vermögensbeeinträchtigung darstellte. Die nachfolgende Mitnahme der Zeitschrift wird durch den Datenverarbeitungsvorgang als solchen weder ermöglicht noch erleichtert. Der Tatbestand des *§ 263a StGB* wurde durch den B also nicht verwirklicht.

Die Mitnahme der Zeitschrift könnte aber den Tatbestand des Diebstahls gem. *§ 242 Abs. 1 StGB* erfüllen. Indem der B mit dem "Playboy" den Kassenbereich passiert und lediglich jeweils 1,20 € an der Selbstbedienungskasse gezahlt hat, hat er eine fremde bewegliche Sache weggenommen.

Die Zeitschrift war für ihn fremd, weil mit dem Bezahlvorgang an der Selbstbedienungskasse keine Übereignung der Zeitschrift stattgefunden hat.

Eine Wegnahme liegt vor, weil der Angeklagte mit dem Passieren des Kassenbereichs neuen, eigenen Gewahrsam am "Playboy" begründet hat, ohne dass der frühere Gewahrsamsinhaber – der Geschäftsinhaber bzw. Geschäftsführer – hierzu sein Einverständnis erklärt hätte.

Soweit die Mitnahme der Zeitschrift durch einen als Detektiv angestellten Mitarbeiter beobachtet worden ist, schließt dies die Gewahrsamserlangung durch den Angeklagten nicht aus, weil *§ 242 StGB* Heimlichkeit gerade nicht voraussetzt.

Nach alledem ist ein Anfangsverdacht zu bejahen, dass das Verhalten des B einen Diebstahl darstellt. Gegen B ist also ein Ermittlungsverfahren einzuleiten.

» *Wie gehen Sie als Staatsanwalt nun im Ermittlungsverfahren weiter vor?*

Die Staatsanwaltschaft hat nach Bejahung des Anfangsverdachts die Ermittlungen aufzunehmen und alle be- und entlastenden Umstände zu ermitteln bzw. Beweise zu sichern (vgl. *§ 160 Abs. 2 StPO*).

Ergänzender Hinweis:

Die Staatsanwaltschaft ist ein zu Gerechtigkeit und Objektivität verpflichtetes Rechtspflege- und Justizorgan. § 160 Abs. 2 StPO ist daher Ausdruck des „fair-trial"-Grundsatzes.

Im vorliegenden Fall ist beispielsweise – soweit noch nicht geschehen – der Detektiv des Supermarkts als Zeuge zu vernehmen. Dazu wird die Akte mit einer entsprechenden Verfügung an die Polizei versandt, die dann die Vernehmung in ihrer Funktion als Ermittlungspersonen der Staatsanwaltschaft (*§ 152 GVG*) übernimmt.

» Was passiert, wenn der Zeuge sich weigert, zur Protokollierung seiner Aussage bei der Polizei zu erscheinen?

Es ist gesetzlich keine Pflicht normiert, einer Ladung der Polizei nachzukommen. Als Staatsanwalt hat man dann nur die Möglichkeit, den Zeugen selbst zu laden. Gemäß *§ 161a StPO* muss der Zeuge bei der StA erscheinen und zur Sache aussagen.

» Und was können Sie machen, wenn der Zeuge auch ihrer Ladung nicht Folge leistet?

Nach *§ 161a Abs. 2 StPO iVm § 51 StPO* kann die Staatsanwaltschaft gegen den Zeugen ein Ordnungsgeld verhängen und ihn ggf. zwangsweise vorführen lassen.

» Am Ende ihrer Ermittlungen stellt sich der Tathergang so heraus, wie im Fall geschildert. Welche Möglichkeiten haben Sie nun?

Da aufgrund des (ermittelten) Sachverhalts eine überwiegende Wahrscheinlichkeit besteht, dass der B wegen Diebstahls verurteilt wird, – also ein hinreichender Tatverdacht zu bejahen ist – ist gegen den B Anklage zu erheben oder ein Antrag auf Erlass eines Strafbefehls zu stellen.

» Zu welchem Gericht würden Sie denn Anklage gegen B erheben?

Ohne Kenntnis von etwaigen Vorstrafen des B kommt in dem genannten Fall nur eine Geldstrafe in Betracht. Da es sich bei

§ 242 StGB um ein Vergehen handelt, ist der Strafrichter sachlich zuständig.

» *Wäre diese Frage anders zu beurteilen, wenn der B 20 Jahre alt wäre?*

Ja. Dann wäre der B Heranwachsender. Gemäß *§ 108 Abs. 1 JGG* gilt die Zuständigkeit der Jugendgerichte auch für Heranwachsende. Dies gilt nach Absatz 2 der Norm selbst dann, wenn zu erwarten ist, dass auf den Heranwachsenden das Erwachsenenstrafrecht anzuwenden sein wird. Die Anklage wäre also dann zum Jugendrichter zu erheben.

Ergänzender Hinweis:

Nach § 1 Abs. 2 JGG ist Heranwachsender, „wer zurzeit der Tat achtzehn, aber noch nicht einundzwanzig Jahre alt ist".

Auf einen Heranwachsenden wird nach § 105 JGG Jugendstrafrecht angewendet, wenn entweder die Tat eine jugendtypische Verfehlung darstellt oder der Täter (zum Zeitpunkt der Tat) hinsichtlich seiner Reife einem Jugendlichen gleichsteht.

» *Nennen Sie bitte abschließend einige wesentliche Unterschiede des Jugendstrafverfahrens zum allgemeinen Strafverfahren der StPO.*

Zunächst einmal ist das Erwachsenenstrafrecht auf die Tat bezogen, während das Jugendstrafrecht auf den Täter bezogen ist. Im

Jugendstrafrecht steht nicht die Strafe im Vordergrund, sondern vielmehr der Erziehungsgedanke.

Aus diesem Grunde weist das JGG sein eigenes Rechtsfolgensystem auf. Vorgesehen sind Maßregeln, Zuchtmittel und die Jugendstrafe. Die Jugendstrafe beträgt dabei mindestens sechs Monate und höchstens zehn Jahre. Der Jugendrichter kann mögliche Sanktionen auch miteinander kombinieren. So ist beispielsweise auch Arrest neben einer Jugendstrafe möglich (sog. Warnschussarrest, vgl. *§ 16a JGG*).

Bei Verhandlungen gegen einen Jugendlichen schreibt *§ 48 Abs. 1 JGG* die Nichtöffentlichkeit der Verhandlung vor. Dies dient dem Schutz des Jugendlichen. Richtet sich die Verhandlung gegen einen Heranwachsenden, ist die Verhandlung dagegen grundsätzlich öffentlich; die Öffentlichkeit kann aber gemäß *§ 109 Abs. 1 S. 4 JGG* ausgeschlossen werden, wenn dies im Interesse des Heranwachsenden geboten ist.

Eine weitere Besonderheit in der Hauptverhandlung einer Jugendstrafsache ist die Beteiligung der Jugendgerichtshilfe. Die Jugendgerichtshilfe ist ein Fachdienst der Jugendämter. Sie bietet dem Täter Gespräche an, kann einen Bericht über das (familiäre) Umfeld des Täters erstellen und macht Vorschläge für ein mögliches Urteil.

» Fall 2: Stellen Sie sich vor, Sie sind Richter und es steht folgende Sache zur Verhandlung an: Der Angeklagte soll laut Anklageschrift seine damalige Lebensgefährtin geprügelt haben. Fotos und ärztliche Atteste nach Untersuchung der Geschädigten sind in der Akte

enthalten. Die Polizei hat die Geschädigte ausführlich vernommen. In dieser Vernehmung hat diese die Attacke des Angeklagten detailliert beschrieben und Strafantrag gestellt. Wie ist in groben Zügen der Ablauf der nun anstehenden Hauptverhandlung?

Die Hauptverhandlung beginnt mit dem Aufruf zur Sache. Nachdem der Richter die Anwesenheit sämtlicher Beteiligter festgestellt hat, werden die Zeugen zunächst zur Wahrheit ermahnt (vgl. *§ 57 StPO*) und anschließend gebeten, den Saal zu verlassen. Dann wird der Angeklagte zu seinen persönlichen Verhältnissen befragt. Nach Verlesung der Anklageschrift wird der Angeklagte gemäß *§ 243 Abs. 5 StPO* über sein Recht belehrt zu schweigen.

Ergänzender Hinweis:

Fragen zum Ablauf der Hauptverhandlung eines Strafprozesses haben wir des Öfteren in den Protokollen gefunden. Den Ablauf der Hauptverhandlung muss man auf jeden Fall vollständig (!) nennen können, ohne sich erst in die Normen einlesen zu müssen.

Sofern der Angeklagte nichts zur Sache sagen möchte, wird umgehend mit der Beweisaufnahme begonnen. Die Zeugen werden aufgerufen, nach *§ 52 Abs. 1 StPO* über ein mögliches Aussageverweigerungsrecht belehrt und anschließend zur Sache vernommen. Das im Fall genannte ärztliche Attest kann nach *§ 256 Abs. 1 Nr. 2 StPO* als Urkundsbeweis in den Prozess eingeführt werden.

Sind alle Beweise erhoben, wird die Beweisaufnahme geschlossen. Es folgen die Plädoyers von Staatsanwaltschaft und Verteidigung.

Anschließend ist dem Angeklagten das letzte Wort zu gewähren (*§ 258 Abs. 2 und 3 StPO*). Letztlich folgt die Urteilsverkündung.

» Muss die Belehrung über das Schweigerecht nicht bereits vor Vernehmung des Angeklagten zu seinen persönlichen Verhältnissen erfolgen?

Nein. Die Vernehmung des Angeklagten zu seinen persönlichen Verhältnissen dient zum einen der Identitätsfeststellung und zum anderen der Klärung von Prozessvoraussetzungen. Diesbezüglich steht ihm kein Schweigerecht zu. Dieses bezieht sich vielmehr ausschließlich auf die Vernehmung des Angeklagten zur Sache.

» Einer der geladenen Zeugen ist zugleich Nebenkläger im Verfahren. Muss auch dieser den Sitzungssaal verlassen, damit er die Einlassungen des Angeklagten nicht hört?

Ein Nebenkläger hat abweichend von den Regelungen in den *§§ 58, 243 StPO* ein Anwesenheitsrecht. Er muss nicht den Saal verlassen und kann sowohl den Einlassungen des Angeklagten als auch den Aussagen der weiteren Zeugen beiwohnen.

Dieses umfassende Anwesenheitsrecht dient gerade der Wahrnehmung sämtlicher Rechte als Nebenkläger.

Ergänzender Hinweis:

Neben dem Anwesenheitsrecht hat der Nebenkläger nach § 397 StPO insbesondere folgende Rechte: Das Recht zur Ablehnung eines Richters oder Sachverständigen, das Fragerecht, das Beweisantragsrecht sowie das Recht zur Abgabe von Erklärungen.

» Im geschilderten Fall beginnen Sie mit der Vernehmung der Geschädigten als Zeugin. Im Rahmen der Belehrung über ein möglicherweise bestehendes Aussageverweigerungsrecht weist die Geschädigte darauf hin, dass sie sich mit dem Angeklagten ausgesöhnt und verlobt habe. Was machen Sie nun?

Eine Vernehmung der Geschädigten als Zeugin scheidet aufgrund ihres bestehenden Aussageverweigerungsrechts aus. Es stellt sich aber die Frage, ob die Aussage der Geschädigten, die diese im Rahmen der polizeilichen Vernehmung gemacht hat, anderweitig in den Prozess eingeführt werden kann. Denkbar wäre die Verlesung des Protokolls oder aber die Vernehmung des Polizeibeamten, der die Vernehmung durchgeführt hat.

Sowohl die Verlesung des Protokolls als auch die Vernehmung des Polizeibeamten als Vernehmungsperson verstoßen aber gegen das Beweisverwertungsverbot des *§ 252 StPO*. Die Aussage der Geschädigten kann also nicht auf andere Weise in den Prozess eingeführt werden.

Ergänzender Hinweis:

Wurde der Angeklagte selbst vormals polizeilich vernommen, darf dieses Protokoll zwar ebenfalls nicht per Verlesung in den Prozess eingeführt werden (vgl. § 254 StPO). Es ist aber laut Rechtsprechung immer zulässig, den Vernehmungsbeamten als Zeuge zu hören!

» Gibt es Konstellationen, in denen die Vernehmung der Vernehmungsperson – trotz Berufung des Zeugen auf sein Aussageverweigerungsrecht – nicht gegen § 252 StPO verstößt?

Die Rechtsprechung lässt die Einführung einer Zeugenaussage durch Vernehmung der Verhörsperson ausnahmsweise zu, wenn der Zeuge von einem Richter vernommen worden ist. Voraussetzung hierfür ist in jedem Fall, dass der Richter den Zeugen ggf. vorsorglich für den Fall der Angehörigeneigenschaft über sein Zeugnisverweigerungsrecht belehrt hat.

Umstritten war lange Zeit, ob sogar eine „qualifizierte Belehrung" erforderlich ist, der Zeuge also auch darüber belehrt werden muss, dass seine Aussage verwertbar bleibt, auch wenn er sich erstmals in der Hauptverhandlung auf sein Zeugnisverweigerungsrecht beruft. Nach Vorlage dieser Frage durch den 2. Strafsenat hat der Große Senat die Erforderlichkeit einer „qualifizierten Belehrung" verneint:

„Macht ein Zeuge erst in der Hauptverhandlung von seinem Zeugnisverweigerungsrecht nach *§ 52 Abs. 1 StPO* Gebrauch, so erfordern die Einführung des Inhalts einer früheren Aussage des Zeugen in die Hauptverhandlung durch Vernehmung des Richters, vor dem der Zeuge im Rahmen des die konkrete Tat betreffenden Ermittlungsverfahrens ausgesagt hat, und die Verwertung des dadurch gewonnenen Beweisergebnisses, dass der Richter den Zeugen gemäß *§ 52 Abs. 3 Satz 1 StPO* über sein Zeugnisverweigerungsrecht belehrt hat; einer weitergehenden Belehrung bedarf es nicht."

☆☆☆★★

Öffentliches Recht

Thema

Zuständigkeiten, Instanzenzug und Besetzung der Gerichte im Verwaltungsprozess

Bemerkungen

Regelmäßig – wenn aber auch deutlich seltener als in der Zivilrechts- sowie Strafrechtsprüfung – werden auch im öffentlich-rechtlichen Prüfungsteil der mündlichen Prüfung das Thema Zuständigkeiten der Gerichte sowie Instanzenzug geprüft. Gerade weil die Prüfer in aller Regel Richter der Verwaltungsgerichtsbarkeit oder aber Anwälte in diesem Rechtsbereich sind, stößt es auf großes Unverständnis, wenn der Prüfling Fragen hierzu nicht aus dem Stand beantworten und die einschlägigen Normen nicht nennen kann.

Zuständigkeit 1. Instanz

Grundsätzlich sind gemäß *§ 45 VwGO* erstinstanzlich die Verwaltungsgerichte für alle Streitigkeiten zuständig, für die der Verwaltungsrechtsweg offen steht.

Besetzung der Kammern des Verwaltungsgerichts: Nach *§ 5 Abs. 3 VwGO* entscheidet die Kammer in der Besetzung von drei Richtern und zwei ehrenamtlichen Richtern, sofern die Sache nicht auf einen Einzelrichter übertragen wurde.

Abweichend von der Regel sind gemäß *§§ 47, 48 VwGO* die Oberverwaltungsgerichte in erster Instanz zuständig insbesondere für die Entscheidung über die Gültigkeit von Satzungen, die nach den Vorschriften des BauGB erlassen worden sind (*§ 47 Abs. 1 Nr. 1 VwGO*), über die Gültigkeit von anderen im Rang unter dem Landesgesetz stehenden Rechtsvorschriften, sofern das Landesrecht dies bestimmt (*§ 47 Abs. 1 Nr. 2 VwGO*), sowie über Streitigkeiten, die im Katalog der Großprojekte des *§ 48 VwGO* explizit aufgeführt sind.

Besetzung der Senate des Oberverwaltungsgerichts: Grundsätzlich nach *§ 9 VwGO* drei Berufsrichter.

Ergänzender Hinweis:

Nach § 9 Abs. 3 VwGO kann der Landesgesetzgeber aber abweichend hiervon die Besetzung der OVG obligatorisch auf fünf Richter festsetzen, von denen zwei Richter ehrenamtliche Richter sein dürfen; im Bereich der Großprojekte des § 48 VwGO kann sogar obligatorisch die Besetzung von fünf Richter und zwei ehrenamtlichen Richtern festgesetzt werden.

Das Bundesverwaltungsgericht ist schließlich gemäß *§ 50 VwGO* insbesondere bei Bund-Länder-Streitigkeiten sowie bei Klagen gegen vom Bundesinnenminister ausgesprochene Vereinsverbote erst- und somit auch zugleich letztinstanzlich zuständig.

Besetzung: Die Senate des Bundesverwaltungsgerichts entscheiden in der Besetzung von fünf Richtern (*§ 10 Abs. 3 VwGO*).

Zuständigkeit Berufungsinstanz

Zuständiges Berufungs- und Beschwerdegericht gegen erstinstanzliche verwaltungsgerichtliche Entscheidungen ist das Oberverwaltungsgericht (*§ 46 VwGO*). Voraussetzung einer Berufung ist allerdings nach *§ 124 VwGO*, dass das Verwaltungsgericht die Berufung zugelassen hat bzw. das OVG auf Antrag die Berufung zulässt (*§ 124a Abs. 4 VwGO*).

Besetzung: Die Besetzung der Berufungs- und Beschwerdekammern der Oberverwaltungsgerichte richtet sich ebenfalls nach *§ 9 VwGO*; es gilt also dasselbe wie bei der erstinstanzlichen Zuständigkeit der Oberverwaltungsgerichte (siehe oben).

Zuständigkeit in der Revisionsinstanz

Gegen erstinstanzliche Entscheidungen der Oberverwaltungsgerichte sowie gegen zweitinstanzliche Entscheidungen der Oberverwaltungsgerichte als Berufungsgerichte ist das statthafte Rechtsmittel die Revision, für die das Bundesverwaltungsgericht zuständig ist. Nach *§§ 132 ff. VwGO* ist auch hier Voraussetzung, dass das OVG die Revision zugelassen hat bzw. dass das Bundesverwaltungsgericht auf Antrag die Revision zulässt.

Besetzung: Die Senate des Bundesverwaltungsgerichts entscheiden in der Besetzung von fünf Richtern (*§ 10 Abs. 3 VwGO*).

Sprungrevision als Sonderfall

Grundsätzlich ist die Revision nur gegen erst- und zweitinstanzliche Entscheidungen der Oberverwaltungsgerichte statthaftes Rechtsmittel.

Ausnahmsweise ist aber gemäß *§§ 134, 135 VwGO* „unter Umgehung der Berufungsinstanz“ eine Revision gegen das Urteil eines Verwaltungsgerichts möglich. Eine solche „Sprungrevision“ setzt aber kumulativ voraus:

- Zulassung der Sprungrevision durch das VG im Urteil oder auf Antrag einer Partei durch Beschluss

  Ergänzender Hinweis:

  Entscheidet sich das Verwaltungsgericht für die Zulassung der Sprungrevision im erstinstanzlichen Urteil, so ist das Bundesverwaltungsgericht an diese Entscheidung gebunden!

- schriftliche Zustimmung von Kläger und Beklagtem
- grundsätzliche Bedeutung der Rechtssache oder Abweichung des Urteils des VG von einer Entscheidung des BVerwG oder des BVerfG

Weitere Fragen im Zusammenhang mit der Zuständigkeit und dem Instanzenzug der Verwaltungsgerichte

Die Auswertung hat ergeben, dass von den Prüfern auch folgende Fragen häufig gestellt werden, wenn es um den Instanzenzug im Verwaltungsprozess geht:

» Das Verwaltungsgericht entscheidet über alle Streitigkeiten, für die der Verwaltungsrechtsweg offen steht. Wann ist denn der Verwaltungsrechtsweg eröffnet?

Ergänzender Hinweis:

Alle Prüfer sind Praktiker! In der Praxis kommt es oftmals zum Streit, ob zB einer extremen Partei die Zulassung zur Benutzung einer öffentlichen Einrichtung zu gewähren ist. Hier wird im Falle der Klage die Frage relevant, ob es sich dabei um eine öffentlich-rechtliche Streitigkeit handelt, die nach der bekannten „Zweistufentheorie" beantwortet wird.

Nach *§ 40 Abs. 1 S. 1 VwGO* ist der Verwaltungsrechtsweg in allen öffentlich-rechtlichen Streitigkeiten nichtverfassungsrechtlicher Art gegeben. Ob eine Streitigkeit öffentlich-rechtlich ist, richtet sich nach der Natur des Rechtsverhältnisses, aus dem der Klageanspruch geltend gemacht wird; entscheidend ist also, dass die für das Klagebegehren in Betracht kommende Anspruchsgrundlage dem öffentlichen Recht zuzurechnen ist.

» Unter welchen Voraussetzungen wird denn eine Rechtssache auf einen Einzelrichter übertragen?

Ein Rechtsstreit soll eigentlich immer einem Einzelrichter übertragen werden, wenn die Sache keine besonderen Schwierigkeiten tatsächlicher oder rechtlicher Art aufweist und die Rechtssache keine grundsätzliche Bedeutung hat (vgl. *§ 6 VwGO*).

» Wenn Sie nach Ihrer mündlichen Prüfung Verwaltungsrichter werden, erhalten Sie keine Rechtssachen als Einzelrichter, sondern

sind Berichterstatter der Kammer. Warum bzw. was ist überhaupt ein Berichterstatter?

Nach *§ 6 Abs. 1 S. 2 VwGO* darf ein Richter auf Probe im ersten Jahr nach seiner Ernennung nicht Einzelrichter sein.

Ein Berichterstatter bereitet gemäß *§ 21g GVG* die Beratung und Entscheidung der Kammer über eine Rechtssache vor. Dazu fasst er im Rahmen eines Votums den streitigen und unstreitigen Sachverhalt zusammen und trägt diesen inklusive eines Entscheidungsvorschlags der Kammer vor. Nach Beratung und Entscheidung der Kammer verfasst der Berichterstatter zudem die Entscheidungsgründe.

» Wirken die ehrenamtlichen Richter bei einer verwaltungsgerichtlichen Entscheidung immer mit?

Nein. Bei Beschlüssen außerhalb der mündlichen Verhandlung sowie bei Gerichtsbescheiden entscheiden ausschließlich die drei Berufsrichter.

» Was ist denn überhaupt ein Gerichtsbescheid?

Wenn Rechtsstreitigkeiten vor dem Verwaltungsgericht einfach gelagert sind und der zugrunde liegende Sachverhalt geklärt ist, kann das Gericht die Sache ohne mündliche Verhandlung per Gerichtsbescheid entscheiden (*§ 84 VwGO*). Die Entscheidung ergeht dann in einem vereinfachten Verfahren und gerade ohne

Mitwirkung von ehrenamtlichen Verwaltungsrichtern, was der Beschleunigung des Verfahrens dient.

Ergänzender Hinweis:

Die Parteien müssen mit der Entscheidung per Gerichtsbescheid nicht einverstanden sein! Ob eine Entscheidung per Gerichtsbescheid ergeht, liegt im alleinigen Ermessen des Gerichts.

Sofern das Gericht im Gerichtsbescheid ein Rechtsmittel nicht zulässt und somit ein solches nicht gegeben ist, können die Parteien innerhalb eines Monats nach Zustellung des Gerichtsbescheids die Durchführung der mündlichen Verhandlung beantragen; wurde fristgerecht die mündliche Verhandlung beantragt, gilt der Gerichtsbescheid als nicht ergangen (*§ 84 Abs. 3 VwGO*).

» *Welche Rechtsmittel sind gegen einen Gerichtsbescheid statthaft?*

Nach *§ 84 Abs. 3 VwGO* wirkt ein Gerichtsbescheid wie ein Urteil. Es stehen also dieselben Rechtsmittel zur Verfügung wie gegen ein erstinstanzliches Urteil des Verwaltungsgerichts.

» *Wieviele Verwaltungsgerichte gibt es denn in unserem Bundesland? Wo ist Sitz des Oberverwaltungsgerichts?*

Baden-Württemberg	4 VerwG: Freiburg, Karlsruhe, Stuttgart und Sigmaringen. Verwaltungsgerichtshof des Landes Baden-Württemberg: Mannheim

Bayern	6 VerwG: Ansbach, Augsburg, Bayreuth, München, Regensburg und Würzburg. Bayerischer Verwaltungsgerichtshof: München
Berlin und Brandenburg	4 VerwG: Berlin, Cottbus, Frankfurt (Oder) und Potsdam. OVG Berlin-Brandenburg: Berlin
Bremen	1 VerwG: Bremen. OVG der Freien Hansestadt Bremen: Bremen
Hamburg	1 VerwG: Hamburg. OVG Hamburg: Hamburg
Hessen	5 VerwG: Darmstadt, Frankfurt am Main, Gießen, Kassel und Wiesbaden. Hessischer Verwaltungsgerichtshof: Kassel
Mecklenburg-Vorpommern	2 VerwG: Schwerin und Greifswald. OVG Mecklenburg-Vorpommern: Greifswald
Niedersachsen	7 VerwG: Braunschweig, Göttingen, Hannover, Lüneburg, Oldenburg, Osnabrück und Stade. Niedersächsisches OVG: Lüneburg
Nordrhein-Westfalen	7 VerwG: Aachen, Arnsberg, Düsseldorf, Gelsenkirchen, Köln, Minden und Münster. OVG Nordrhein-Westfalen: Münster

Rheinland-Pfalz	4 VerwG: Koblenz, Mainz, Neustadt und Trier. OVG Rheinland-Pfalz: Koblenz
Saarland	1 VerwG: Saarlouis. OVG des Saarlandes: Saarlouis
Sachsen	3 VerwG: Chemnitz, Dresden und Leipzig. Sächsisches OVG: Bautzen
Sachsen-Anhalt	2 VerwG: Halle und Magdeburg. OVG des Landes Sachsen-Anhalt: Magdeburg
Schleswig-Holstein	1 VerwG: Schleswig. Schleswig-Holsteinisches OVG: Schleswig
Thüringen	3 VerwG: Gera, Meiningen und Weimar. Thüringer OVG: Weimar

Auszüge aus den Prüfungsprotokollen

» Weiter ging es noch mit dem Instanzenzug nach Erlass des Beschlusses gemäß § 80 Abs. 5 VwGO: Beschwerde zum OVG. Wie heißt das OVG in Hessen: Hessischer Verwaltungsgerichtshof. Wo sitzt der VGH: Kassel.

» Anschließend beschäftigten wir uns noch mit dem Instanzenzug. Hierbei gingen wir ausführlicher auf das VG, das OVG sowie das BVerwG, die Beschwerde und die Zuständigkeit des BVerfG, insbesondere im Rahmen von Eilverfahren ein.

» Anschließend fragte Herr XXX den verwaltungsgerichtlichen Instanzenzug, den Sitz der Nds. Verwaltungsgerichte (§ 73 NJG bzw. Vorgängerregelung im NdsAGVwGO) und die Besetzung der Verwaltungs- und Oberverwaltungsgerichte (§§ 5 ff. VwGO) ab.

☆☆☆★★

Öffentliches Recht

Thema

Grundsätze des Verwaltungsprozesses

Bemerkungen

Auch in den Protokollen der öffentlich-rechtlichen Prüfungen finden sich immer wieder Fragen zu den grundlegenden Verfahrensmaximen im Verwaltungsprozess. Man muss sich klar machen, dass in der mündlichen Prüfung auf die Kenntnis der grundlegenden Vorschriften und Wertungen viel Wert gelegt wird. Daher muss man die Grundsätze des Verwaltungsprozesses – inklusive der Normen der VwGO, in denen die einzelnen Maximen ihren Ausdruck finden – auf jeden Fall nennen können.

Dispositionsmaxime

§ 81 VwGO normiert den im Verwaltungsprozess geltenden Verfügungsgrundsatz: Der Kläger entscheidet mit seiner Klage, dass er Klage erhebt bzw. erheben will und bestimmt mit seiner Klage den Streitgegenstand. Das Verwaltungsgericht ist an diese Klagerhebung und Festlegung des Streitgegenstandes gebunden. Es

darf dem Kläger nicht mehr zusprechen, als dieser beantragt hat (vgl. *§ 88 VwGO*).

Ergänzender Hinweis:

Im Gegensatz dazu gilt im Strafprozess – wie bereits oben ausgeführt – die Offizialmaxime. Gang und Inhalt des Strafverfahrens sind der Herrschaft der Beteiligten weitestgehend entzogen.

Darüber hinaus haben auch während des laufenden Verwaltungsprozesses allein die Parteien das Recht, über den Streitgegenstand zu verfügen. So kann der Kläger unter anderem die Klage jederzeit ändern (*§ 91 VwGO*); und beide Parteien zusammen haben immer die Möglichkeit den Prozess durch Vergleich (*§ 106 VwGO*) oder durch beiderseitige Erledigungserklärung (*§ 161 Abs. 2 VwGO*) zu beenden.

Nur der Kläger kann mit dem Klageantrag und dem Klagegrund den Streitgegenstand bestimmen und nur die Parteien können über diesen – zB durch Rücknahme oder Abschluss eines Vergleichs – verfügen.

Untersuchungsgrundsatz

Nach dem Untersuchungsgrundsatz erforscht das Verwaltungsgericht von Amts wegen den Sachverhalt – *§ 86 Abs. 1 VwGO*.

Ergänzender Hinweis:

In dieser Maxime liegt der Unterschied zum Zivilprozess. Denn dort gilt statt des Untersuchungsgrundsatzes der Beibringungsgrundsatz: Die Parteien haben den relevanten Sachverhalt vorzutragen; nicht vorgetragene Tatsachen darf das Gericht nicht bei der Entscheidung berücksichtigen.

Trotz des Untersuchungsgrundsatzes haben aber die Parteien gemäß Abs. 1 S. 1 (2. Hs.) der Norm an der Erforschung des Sachverhalts mitzuwirken. Die Beteiligten trifft also eine Prozessförderungspflicht. Kommen die Beteiligten ihrer Pflicht zur Aufklärung des Sachverhalts nicht nach, obwohl es ihnen möglich und zumutbar wäre, verringert sich im selben Maße die aus dem Untersuchungsgrundsatz resultierende Pflicht des Gerichts zur Erforschung des Sachverhalts.

Grundsatz der Mündlichkeit

Der Grundsatz der Mündlichkeit findet ihren Ausdruck in *§ 101 VwGO*: Danach entscheidet das Verwaltungsgericht, soweit nichts anderes bestimmt ist, auf Grund einer mündlichen Verhandlung.

Ergänzender Hinweis:

„[...] soweit nichts anderes bestimmt ist [...]“: Unter diese Ausnahme fällt die bereits oben angesprochene Entscheidung durch Gerichtsbescheid, die gerade ohne mündliche Verhandlung ergehen kann (§ 84 VwGO).

Der Grundsatz der Mündlichkeit ist kein Verfassungsgrundsatz, sondern wird allein durch das jeweilige Prozessrecht normiert. Es verstößt somit nicht gegen *Art. 19 Abs. 4 GG* oder *Art. 103 Abs. 1 GG*, dass nach *§ 101 Abs. 2 VwGO* das Gericht mit Einverständnis der Beteiligten ohne mündliche Verhandlung entscheiden kann, der Mündlichkeitsgrundsatz also zur Disposition der Beteiligten steht.

Grundsatz der Unmittelbarkeit

Auch im Verwaltungsprozess gilt der Grundsatz der Unmittelbarkeit. Nach *§ 96 VwGO* erhebt das Gericht Beweis in der mündlichen Verhandlung. Das Gericht darf also bei seiner Entscheidung nur das berücksichtigen, was auf der persönlichen Wahrnehmung aller an der Entscheidung beteiligten Richter beruht.

Grundsatz der Beschleunigung

Das Verwaltungsverfahren und der Verwaltungsprozess sollen schnellstmöglich durchgeführt und abgeschlossen werden. Gesetzlichen Ausdruck findet der Beschleunigungsgrundsatz unter anderem in *§§ 86, 87 VwGO*, wonach die mündliche Verhandlung durch Schriftsätze vorbereitet werden soll und der Vorsitzende oder Berichterstatter schon vor Beginn der mündlichen Verhandlung Anordnungen treffen kann, um den Rechtsstreit möglichst in einem Verhandlungstermin zu erledigen.

Öffentlichkeitsgrundsatz

Aus dem Grundsatz der Öffentlichkeit des Verfahrens (*§ 55 VwGO iVm §§ 169 ff. GVG*) folgt, dass der Verwaltungsprozess öffentlich stattfindet.

Gewährung rechtlichen Gehörs

Aus *Art. 103 Abs. 1 GG* folgt der Anspruch eines jeden vor Gericht, rechtliches Gehör zu finden. Das Verwaltungsgericht hat nach diesem Verfahrensgrundsatz die Beteiligten jederzeit über den Stand des Verfahrens zu informieren und ihnen das Recht einzuräumen, zB zu Schriftsätzen der Gegenseite Stellung nehmen zu können.

Grundlage der Entscheidung dürfen schließlich nur solche Tatsachen und Beweisergebnisse sein, zu denen sich die Beteiligten äußern konnten (*§ 108 VwGO*).

Ergänzender Hinweis:

Auch wenn das Gericht eine Entscheidung durch Gerichtsbescheid trifft, ist der Anspruch der Beteiligten auf rechtliches Gehör nicht verletzt. Denn nach § 84 Abs. 1 S. 2 VwGO sind die Beteiligten, auch wenn keine mündliche Verhandlung stattfindet, durch eine sogenannte „Anhörungsmitteilung“ vorab zur Sache zu hören.

Auszüge aus den Prüfungsprotokollen

» Was verstehen Sie unter dem Untersuchungsgrundsatz und wo ist dieser geregelt? - für die Behörde in: § 24 VwVfG - für das Gericht in: § 86 VwGO. Anschließend sollten wir alle weiteren Grundsätze benennen und Normen zitieren, in denen der jeweilige Grundsatz verankert ist.

» Die Klägerin, eine Naturalpartei, verklagt vor dem Verwaltungsgericht eine Behörde. Was passiert, wenn eine Partei im Termin nicht erscheint (VU? – nein, wegen Untersuchungsgrundsatz). Was ist der Unterschied zwischen dem Untersuchungsgrundsatz und der Dispositionsmaxime? Welche weiteren Prozessmaximen kennt die VwGO?

★★★★★

Öffentliches Recht

Thema

Vorläufiges Rechtsschutzverfahren

Bemerkungen

Wie schon im schriftlichen Examen ist auch in mündlichen Prüfungen im Öffentlichen Recht der einstweilige Rechtsschutz nach den *§§ 80 f., 123 VwGO* das mit Abstand am häufigsten geprüfte Thema. Es gibt nahezu keine Prüfung im Öffentlichen Recht, die nicht (auch) den Eilrechtsschutz behandelt!

Dass viele Prüfer den einstweiligen Rechtsschutz gerne behandeln, liegt zum einen daran, dass die Prüfer sich von sehr aktuellen Themen inspirieren lassen. Und gerade interessante Sachverhalte des Baurechts (zB Bau einer Asylbewerberunterkunft in einem Wohngebiet) oder des Versammlungsrechts (zB zeitgleiche Anmeldung von Pegida-Demo und Gegendemo), über die ausführlich in den Medien berichtet wird, werden in der Praxis sehr häufig im Eilrechtsschutzverfahren entschieden.

Ergänzender Hinweis:

Laut Kintz „Öffentliches Recht im Assessorexamen" machen Anträge nach § 80 Abs. 5 VwGO im Baunachbarrecht einen Großteil der anhängigen Verfahren aus.

Zum anderen ist es – unabhängig von der Aktualität – nahezu bei jedem Sachverhalt möglich, eine Eilbedürftigkeit der Entscheidung zu konstruieren und die Prüfung auf den einstweiligen Rechtsschutz nach den *§§ 80 f., 123 VwGO* hinauslaufen zu lassen. Für den Prüfer ist dies immer vorteilhaft, da er neben den materiell-rechtlichen Problemen des Falls so zumindest auch ein paar prozessuale Fragen in die Prüfung einbauen kann.

Wir können das vorläufige Rechtsschutzverfahren nach den *§§ 80 f., 123 VwGO* nicht umfassend darstellen, da dies den Rahmen des Skripts, das auf eine umfassende, aber schnelle Wiederholung der wichtigsten Themen angelegt ist, sprengen würde. Wir beschränken uns daher darauf, die Grundlagen der *§§ 80 f., 123 VwGO* aufzuzeigen, die in jedem Fall für die mündliche Prüfung bekannt sein müssen. Sofern Du Dich in diesem Thema unsicher fühlst und es daher detaillierter wiederholen möchtest, empfehlen wir Dir, die Unterlagen aus Studium und Referendariat hierzu zu nutzen.

Systematische Übersicht über die Antragsarten des vorläufigen Rechtsschutzes im Verwaltungsprozess

(1) Anträge nach den *§§ 80, 80a VwGO*

- Antrag nach *§ 80 Abs. 5 VwGO* zur *Anordnung* der aufschiebenden Wirkung in den Fällen des *§ 80 Abs. 2 S. 1 Nr. 1-3 VwGO*

- Antrag nach *§ 80 Abs. 5 VwGO* zur *Wiederherstellung* der aufschiebenden Wirkung in den Fällen des *§ 80 Abs. 2 S. 1 Nr. 4 VwGO*
- Antrag nach *§ 80 Abs. 5 VwGO* analog zur *Feststellung* der aufschiebenden Wirkung
- Anträge nach *§ 80a VwGO* bei Verwaltungsakten mit Doppelwirkung

(2) Anträge nach den *§ 123 VwGO* gerichtet auf den Erlass einer

- Sicherungsanordnung gemäß *§ 123 Abs. 1 S. 1 VwGO*
- Regelungsanordnung gemäß *§ 123 Abs. 1 S. 1 VwGO*

(3) Antrag nach *§ 47 Abs. 6 VwGO* zur Abwehr schwerer Nachteile oder aus anderen wichtigen Gründen im Rahmen des Normenkontrollverfahrens

Ergänzender Hinweis:

Wird nach den in der VwGO vorgesehenen Antragsarten im vorläufigen Rechtsschutz gefragt, wird die Nennung des § 47 Abs. 6 VwGO nicht erwartet, sondern gibt eher Bonuspunkte.

Abgrenzung von §§ 80, 80a VwGO zu § 123 VwGO

Ergänzender Hinweis:

Fragen nach der Abgrenzung von §§ 80, 80a VwGO und § 123 VwGO im Allgemeinen und im konkret zu lösenden Fall finden sich in nahezu allen Protokollen, die wir ausgewertet haben.

(1) Grundsätzliches Verhältnis der Vorschriften zueinander

Die Anträge im vorläufigen Rechtsschutz nach den *§§ 80, 80a VwGO* stehen zu den Anordnungen nach *§ 123 VwGO* nicht in einem „aliud-Verhältnis“ und regeln voneinander verschiedene Sachverhalte. Vielmehr sind die *§§ 80, 80a VwGO* Spezialvorschriften, die *§ 123 Abs. 1 VwGO* immer verdrängen, wenn es um die Aussetzung der sofortigen Vollziehung von belastenden Verwaltungsakten geht; der vorläufige Rechtsschutz nach *§ 123 VwGO* hat demnach die Funktion eines Auffangtatbestandes. Dies ergibt sich bereits aus dem Wortlaut des *§ 123 Abs. 5 VwGO*: Danach gelten die Vorschriften der Absätze 1 bis 3 der Norm nicht für die Fälle der *§§ 80 und 80a VwGO*.

(2) Konkrete Anwendungsbereiche der Normen

Der vorläufige Rechtsschutz des praktisch wichtigsten Antrags nach *§§ 80 Abs. 5 VwGO* setzt zum einen voraus, dass im Hauptsacheverfahren die Anfechtungsklage statthafte Klageart wäre. Erforderlich ist demnach ein belastender, noch nicht erledigter Verwaltungsakt (vgl. *§ 42 Abs. 1 VwGO*). Zum anderen muss die aufschiebende Wirkung des Rechtsbehelfs ausgeschlossen (*§ 80 Abs. 2 S. 1 Nr. 1 – 3 VwGO*) oder die sofortige Vollziehung explizit angeordnet (*§ 80 Abs. 2 S. 1 Nr. 4 VwGO*) worden sein.

Ergänzender Hinweis:

Prüfer lassen gerne von den Kandidaten den Tenor bilden. Dieser lautet im Erfolgsfalle:

„Die aufschiebende Wirkung des Widerspruchs gegen den Bescheid des Antragsgegners vom […] wird angeordnet [wiederhergestellt]“

Die im Vergleich zu *§ 80 VwGO* speziellere Vorschrift des *§ 80a VwGO* setzt einen Verwaltungsakt mit Doppelwirkung voraus. Nach der Absatz 1 und 2 zu entnehmenden Legaldefinition sind darunter VA zu verstehen, die einen Betroffenen rechtlich begünstigen, zugleich aber einen anderen Betroffenen belasten.

Eine einstweilige Anordnung nach *§ 123 VwGO* ist schließlich als Grundtatbestand immer dann zulässig, wenn es sich in der Hauptsache um eine Verpflichtungs-, Leistungs- oder Feststellungsklage handelt.

Standardprobleme im Rahmen der Antragsarten im vorläufigen Rechtsschutz

(1) Zulässigkeit des Antrags nach *§ 80 Abs. 5 VwGO* bei noch nicht eingelegtem Anfechtungsrechtsbehelf?

Grundsätzlich ist die Einlegung des Rechtsbehelfs in der Hauptsache sachlogische Voraussetzung für die Zulässigkeit eines Antrags nach *§ 80 Abs. 5 VwGO*. Nur dann lässt sich die aufschiebende Wirkung anordnen bzw. wiederherstellen.

(2) Zulässigkeit des Antrags nach *§ 80 Abs. 5 VwGO* bei offensichtlicher Unzulässigkeit des Hauptsacherechtsbehelfs?

Ist der Hauptsacherechtsbehelf offensichtlich unzulässig, weil zum Beispiel Fristen oder erforderliche Formen bei der Einlegung nicht gewahrt wurden, entfällt für das vorläufige Rechtsschutzverfahren das Rechtsschutzbedürfnis. Der Antrag nach *§ 80 Abs. 5 VwGO* ist dann unzulässig.

(3) Erforderlichkeit eines erfolglosen Aussetzungsantrags bei der Behörde vor Einleitung des vorläufigen Rechtsschutzverfahrens?

Das Rechtsschutzbedürfnis ist auch dann gegeben, wenn der Antragssteller keinen Antrag auf eine behördliche Aussetzungsentscheidung gemäß *§ 80 Abs. 4 VwGO* gestellt hat. Ein solcher Aussetzungsantrag ist also nicht erforderlich.

(4) Zulässigkeit des Nachschiebens von Gründen im Rahmen der Begründung des überwiegenden öffentlichen Interesses an der Anordnung der sofortigen Vollziehung nach *§ 80 Abs. 2 S. 1 Nr. 4 VwGO*?

Nach der überwiegenden Rechtsprechung kann die Behörde auch noch im Verfahren eine ordnungsgemäße Begründung nachschieben. Denn würde man dies nicht zulassen, würde die Behörde einfach eine neue, ordnungsgemäße Anordnung der sofortigen Vollziehung erlassen.

(5) Problem der Vorwegnahme der Hauptsache bei Erstreben einer Regelungsanordnung

Grundsätzlich darf das vorläufige Rechtsschutzverfahren nur zu einer vorübergehenden (= zeitlich befristeten) oder mit Bedingungen oder Auflagen vorläufigen Regelung führen. Daher sind grundsätzlich Regelungen ausgeschlossen, die faktisch auf eine Vorwegnahme der Hauptsache hinauslaufen. Ausnahmsweise folgt aus dem Gebot des effektiven Rechtsschutzes, dass auch die Vorwegnahme der Hauptsacheentscheidung durch die Regelungsanordnung zulässig ist; zB wenn es um zeitgebundene Rechte geht (Zulassung zur Prüfung) oder dem Antragssteller irreparable Nachteile drohen.

Weitere Fragen im Zusammenhang mit dem vorläufigen Rechtsschutzverfahren

Folgende Fragen werden von Prüfern häufig zusätzlich gestellt, wenn das Thema vorläufiger Rechtsschutz in der Prüfung behandelt wird:

» Der Anwendungsbereich des vorläufigen Rechtsschutzes nach § 80 Abs. 5 VwGO erfordert einen belastenden Verwaltungsakt. Wie wird der Begriff des VA definiert?

Ein VA im Sinne des *§ 35 S. 1 VwVfG* ist die rechtsverbindliche hoheitliche Regelung eines Einzelfalls durch eine Behörde.

» Wann wird ein VA wirksam?

Ein Verwaltungsakt wird gemäß *§ 43 Abs. 1 VwVfG* wirksam, wenn er bekannt gegeben wird. Ein bloßes „Bekanntwerden" reicht dabei nicht aus. Vielmehr setzt die Bekanntgabe im Sinne der Vorschrift voraus, dass die zuständige Behörde in amtlicher Eigenschaft mit Bekanntgabewillen dem Betroffenen gegenüber den Inhalt des Verwaltungsaktes eröffnet.

» Was versteht man unter öffentlichen Abgaben und Kosten im Sinne des § 80 Abs. 2 Nr. 1 VwGO?

Öffentliche Abgaben sind Steuern, Gebühren und Beiträge, die bei Erfüllung eines hoheitlichen Handelns erhoben werden, um den Finanzbedarf des Hoheitsträgers zur Wahrnehmung seiner öffentlichen Aufgaben zu decken.

Kosten sind alle Gebühren und Auslagen, die den Betroffenen wegen der Durchführung eines Verwaltungsverfahrens auferlegt und nach tariflichen oder leicht erkennbaren Merkmalen der Höhe nach festgesetzt werden.

» Führen Verkehrszeichen zum Ausschluss der aufschiebenden Wirkung nach § 80 Abs. 2 VwGO?

Verkehrsregelnde Vorschriftszeichen stehen wegen der Funktionsgleichheit den „unaufschiebbaren Anordnungen und Maßnahmen von Polizeivollzugsbeamten" gleich und führen nach Absatz 2 Nr. 2 der Norm zum Entfallen der aufschiebenden Wirkung.

» Was versteht man unter einer Sicherungsanordnung, was unter einer Regelungsanordnung?

Die Sicherungsanordnung (*§ 123 Abs. 1 S. 1 VwGO*) soll den Antragssteller davor bewahren, dass durch die Veränderung eines bestehenden Rechtszustandes die Verwirklichung eines Rechts des Antragsstellers vereitelt oder wesentlich erschwert wird.

Durch eine Regelungsanordnung (*§ 123 Abs. 1 S. 1 VwGO*) wird die vorläufige Einräumung oder Erweiterung einer begünstigenden Rechtsposition erstrebt.

Ergänzender Hinweis:

Merke: Die Regelungsanordnung kommt in der Praxis deutlich häufiger vor – „Regelungsanordnung ist die Regel"!

» Nach welcher Norm richtet sich der vorläufige Rechtsschutz bei einer für sofort vollstreckbar erklärten belastenden Nebenbestimmung eines begünstigenden VA?

Da gegen die vom HauptVA trennbare Nebenbestimmung nach Auffassung des Bundesverwaltungsgerichts im Hauptsacheverfahren die Anfechtungsklage statthafter Rechtsbehelf wäre, richtet sich der vorläufige Rechtsschutz gegen eine solche belastende Nebenbestimmung nach *§ 80 Abs. 5 VwGO*.

» Und wie sieht es mit dem vorläufigen Rechtsschutz gegen eine sogenannte modifizierende Auflage aus?

Eine modifizierende Auflage ist im vorläufigen Rechtschutzverfahren – anders als eine Nebenbestimmung – nach *§ 123 VwGO* anzugreifen.

» Wie sind denn Nebenbestimmung und modifizierende Auflage voneinander abzugrenzen?

Eine Nebenbestimmung liegt vor, wenn eine Hauptregelung durch eine zusätzliche Bestimmung ergänzt oder beschränkt wird. Eine selbständige Nebenbestimmung kann in Form einer sogenannten Auflage gegeben sein.

In Abgrenzung dazu spricht man von einer modifizierenden Auflage, wenn der Bescheidgeber zwar Formulierungen verwendet, die auf eine Auflage (also Nebenbestimmung) hindeuten; tatsächlich wird aber nicht eine zusätzliche Leistungspflicht begründet, sondern der Grund-VA qualitativ verändert.

Ergänzender Hinweis:

Es ist unstreitig, dass wegen der inhaltlichen Veränderung des Grund-VA durch die angebliche Auflage in der Hauptsache die Verpflichtungsklage auf Erlass des eigentlich begehrten VA statthafte Klageart wäre. Daher ist im vorläufigen Rechtschutzverfahren § 123 VwGO einschlägig.

» *Was passiert, wenn in einem Fall des § 80 Abs. 5 VwGO ein Antrag nach § 123 VwGO eingelegt wird (oder andersherum)?*

Der Antrag auf vorläufigen Rechtsschutz wird durch die falsche Bezeichnung nicht unzulässig. Vielmehr ist nach *§ 88 VwGO* das Gericht an die Fassung der Anträge nicht gebunden. Es hat das Begehren des Antragsstellers aus dem Gesamtvorbringen im Wege der Auslegung zu ermitteln und ggf. den formulierten Antrag umzudeuten.

Auszüge aus den Prüfungsprotokollen

» Anschließend wollte Frau XXX noch erläutert haben, dass es auch die Möglichkeit gibt, den Eilrechtsschutz anzustrengen und damit über § 123 VwGO zu verfahren. Wir sollten zunächst die Zulässigkeit eines Antrages nach § 123 VwGO prüfen, wobei sie großen Wert auf die Abgrenzung zwischen einer Sicherungs- und Regelungsanordnung legte.

Schließlich wollte sie darauf hinaus, warum es nicht immer sinnvoll ist im Eilverfahren vorzugehen. Die Antwort wollte sie anhand dessen erarbeiten, dass wir auch den Antrag nach § 123 VwGO formulieren sollten. Wir wussten dabei zunächst nicht, worauf Sie genau hinaus wollte, aber letztlich wollte Sie nur hören, dass im Eilverfahren grundsätzlich die Hauptsache nicht vorweggenommen werden darf und deshalb nur vorläufige Sachentscheidungen getroffen werden. Sie wollte dann auch wissen, wann ausnahmsweise doch eine Vorwegnahme der Hauptsache erfolgen darf – also wenn unzumutbare und schwerwiegende Nachteile drohen und überwiegende Erfolgsaussichten in der Hauptsache bestehen.

» Sodann haben wir kurz abstrakt die Voraussetzungen des 80 V VwGO (Aussetzungsinteresse, Vollziehungsinteresse, summarische Prüfung, Prüfungsmaßstab: Erfolg in der Hauptsache) und des 123 VwGO (Anordnungsanspruch, Anordnungsgrund = Eilbedürftigkeit) wiedergegeben. Anschließend sollten wir das Gesagte auf den Fall anwenden und entscheiden, nach welchen Normen sich der vorläufige Rechtsschutz richtet.

» Herr XXX wollte zunächst die Glaubhaftmachung definiert haben, und wie man dies täte. § 123 Abs. 3 VwGO benötigt diese und verweist auf § 920 Abs. 2 ZPO. Er fragte dann nach anderen Möglichkeiten des Eilrechtsschutzes, § 80 V VwGO, und sodann ob für einen solchen Antrag auch eine Glaubhaftmachung notwendig sei. Antwort: nein, wegen § 123 Abs. 4 VwGO.

☆☆★★★

Öffentliches Recht

Thema

Verwaltungsvollstreckung

Bemerkungen

Im Zivilrecht ist das Zwangsvollstreckungsrecht ein Thema, auf das sich alle Referendare umfassend vorbereiten. Wird dagegen die Vollstreckung in einer verwaltungsrechtlichen Prüfung thematisiert, geraten Referendare regelmäßig ins Schwimmen. Da wir aber des Öfteren in den Protokollen auf Fragen zum Verwaltungsvollstreckungsrecht gestoßen sind, möchten wir im Folgenden die Grundzüge kompakt darstellen. Im Besonderen gehen wir dabei auf die Anfechtung eines Kostenbescheids nach Abschleppen eines KFZ ein, weil viele Prüfer die sogenannten „Abschleppfälle“ gerne zum Einstieg in die Materie wählen.

Systematik des Verwaltungsvollstreckungsrechts

Die Verwaltungsvollstreckung ist ein Sondervollstreckungsrecht zugunsten der Verwaltung. Anders als im zivilrechtlichen Bereich kann die Behörde ihren Anspruch gegen den Bürger selbst titulieren. Zudem muss sie sich zur Vollstreckung nicht an ein anderes staatliches Organ wenden. Es ist zu unterscheiden:

(1) Beitreibungsverfahren (*§§ 1-5 VwVG*): Dient der Vollstreckung wegen Geldforderungen.

(2) Verwaltungszwangsverfahren (*§§ 6-18 VwVG*): Dient der Erzwingung von Handlungen, Duldungen und Unterlassungen. Im Rahmen des Verwaltungszwangsverfahrens ist darüber hinaus zu unterscheiden:

- Vollstreckung aufgrund eines VA
- Sofortiger Verwaltungszwang ohne Existieren eines Grund-VA

Ergänzender Hinweis:

Das Verwaltungszwangsverfahren ist in der Praxis deutlich wichtiger als die Vollstreckung wegen Geldforderungen. Daher gehen wir auf das Verwaltungszwangsverfahren im Folgenden detaillierter ein.

Vollstreckungsvoraussetzungen

Grundsätzlich muss jeder Vollstreckung ein wirksamer Verwaltungsakt zugrunde liegen, der ein Gebot oder Verbot enthält („befehlender Verwaltungsakt“). Feststellende oder gestaltende VA verwirklichen sich bereits mit Bekanntgabe und bedürfen gerade keiner Vollstreckung nach dem VwVG.

Darüber hinaus setzt das Verwaltungsvollstreckungsverfahren die Vollziehbarkeit des VA voraus. Das bedeutet, der VA muss unanfechtbar sein oder aber ein Rechtsmittel gegen den VA darf keine aufschiebende Wirkung entfalten (vgl. *§ 6 Abs. 1 VwVG*).

Die Rechtmäßigkeit des Grund-VA ist dagegen keine Wirksamkeitsvoraussetzung. Anderenfalls würden beispielsweise die Fristen des Widerspruchs und der Anfechtungsklage ins Leere laufen, da dann die Rechtmäßigkeit noch inzident bei Anfechtung der Vollstreckungsmaßnahme geprüft werden müsste.

Numerus clausus der Zwangsmittel

Im Rahmen des Verwaltungszwangsverfahrens zur Erzwingung von Handlungen, Duldungen und Unterlassungen schreibt *§ 9 VwVG* einen „numerus clausus" an Zwangsmitteln fest: Möglich sind die Ersatzvornahme (durch Dritte!), das Zwangsgeld (subsidiär auch Zwangshaft) und der unmittelbare Zwang.

Die Ersatzvornahme durch einen fremden Dritten kommt dabei sachlogisch nur zur Erzwingung vertretbarer Handlungen des Schuldners in Betracht. Nimmt die Behörde die Handlung selbst vor (Selbstvornahme), ist dies ein Fall des unmittelbaren Zwangs im Sinne der Vorschrift.

Bei unvertretbaren Handlungen, Duldungen und Unterlassungen kommt insbesondere das Zwangsgeld in Betracht. Da das Zwangsgeld keine Strafe, sondern ein Beugemittel ist, kann es ggf. auch mehrfach verhängt und gesteigert werden, bis der Schuldner die geforderte Handlung, Duldung oder Unterlassung vornimmt.

Das Vollstreckungsverfahren

(1) Der Regelfall ist das *„gestreckte Vollstreckungsverfahren"*, das aus drei Schritten besteht: Androhung (*§ 13 VwVG*), Festsetzung (*§ 14 VwVG*) und Anwendung des Zwangsmittels (*§ 15 VwVG*).

Die Androhung kann nach Erlass des VA erfolgen oder aber auch mit dem Grund-VA verbunden werden. Sie muss zugestellt werden und hat ihrerseits VA-Qualität, das heißt sie ist selbständig anfechtbar. Inhaltlich muss die Androhung eine Frist bestimmen, innerhalb der der Adressat seiner Verpflichtung nachgekommen sein muss.

Erfüllt der Adressat innerhalb der Frist die von ihm geforderte Handlung, Duldung oder Unterlassung nicht, setzt die Behörde das Zwangsmittel fest. Die Festsetzung hat dabei eine (letzte) Warnfunktion.

Erfüllt der Schuldner noch immer nicht seine Verpflichtung, wird das Zwangsmittel angewendet. Die Anwendung des Zwangsmittels erfolgt dann durch Ersatzvornahme, Beitreibung oder physische Einwirkung auf den Schuldner und ist in rechtlicher Sicht ein Realakt.

Ergänzender Hinweis:

Wichtig ist, dass für die ordnungsgemäße Anwendung des Zwangsmittels der Grundsatz der Verhältnismäßigkeit gewahrt sein muss!

(2) Abweichend vom „gestreckten Vollstreckungsverfahren" ist es aber nach *§ 6 Abs. 2 VwVG* auch der *„sofortige Vollzug"* ohne vorausgehenden Verwaltungsakt zulässig, wenn dies zur Verhinderung einer rechtswidrigen Tat, die einen Straf- oder Bußgeldtat-

bestand verwirklicht, oder zur Abwendung einer drohenden Gefahr notwendig ist. Die Vollstreckungsmaßnahme ist aber nur dann rechtmäßig, wenn auch ein hypothetischer Grund-VA in rechtmäßiger Weise hätte erlassen werden können.

Rechtmäßigkeit eines Kostenbescheids nach Abschleppen eines KFZ

Ergänzender Hinweis:

Wegen der sich ergebenden „schönen" Schachtelprüfung sowie den Fragen zur Verwaltungsvollstreckung stellen Prüfer in der mündlichen Prüfung gerne einen „Abschleppfall". Zudem ergehen auch in der Praxis noch regelmäßig Entscheidungen zur Rechtmäßigkeit des Abschleppens von KFZ, die die Prüfer lesen und dann zum Gegenstand ihrer Prüfung machen.

Der Kostenbescheid ist dem Grunde nach dann rechtmäßig, wenn die Vollstreckungsmaßnahme ihrerseits rechtmäßig war.

Beim Abschleppen eines KFZ steht dieses regelmäßig im Halteverbot. Das Verkehrszeichen ist ein VA in der Form einer Allgemeinverfügung mit Dauerwirkung, sodass ein Grund-VA vorliegt. Dieser Grund-VA ist aufgrund *§ 80 Abs. 2 S. 1 Nr. 2 VwGO* auch sofort vollziehbar. Problematisch ist oftmals die Wirksamkeit (bzw. Bekanntgabe) des Verkehrsschilds, wenn dieses zB nachträglich oder vorübergehend zur Sperrung einer Straße aufgestellt wurde.

Wird das KFZ abgeschleppt, erfolgt dies dann im Wege der Ersatzvornahme im abgekürzten Vollstreckungsverfahren. Aufgrund der Eilbedürftigkeit der Vollstreckungsmaßnahme darf die Behörde von der Androhung und Festsetzung des Zwangsmittels absehen.

Schließlich ist noch die Verhältnismäßigkeit der Vollstreckungsmaßnahme zu diskutieren. Unverhältnismäßig kann das Abschleppen des KFZ bei nur geringfügiger Überschreitung der Höchstparkdauer sein. In aller Regel hat die handelnde Behörde keine allzu lange Wartepflicht und muss auch keine Nachforschungen zum Fahrer des KFZ anstellen.

Weitere Fragen im Zusammenhang mit dem Vollstreckungsverfahren im Verwaltungsrecht

Auf folgende Fragen sind wir außerdem gestoßen, wenn es in der öffentlich-rechtlichen Prüfung um das Thema Vollstreckungsrecht geht:

» Gibt es Ausnahmen, bei denen sich die Vollstreckung öffentlich-rechtlicher Ansprüche nicht nach dem VwVG richtet?

Ja. Da sich das Verwaltungsvollstreckungsrecht nur auf die Fälle beschränkt, in denen die Behörde hoheitlich tätig wird, scheidet eine Vollstreckung nach dem VwVG aus, wenn zum Beispiel Ansprüche aus einem öffentlich-rechtlichen Vertrag vollstreckt werden sollen. Solche Ansprüche müssen durch die Behörde vor dem Verwaltungsgericht eingeklagt werden; das verwaltungsgerichtliche Urteil ist dann Grundlage der Vollstreckung. Etwas anderes gilt nur dann, wenn sich der Vertragspartner der Behörde in dem

Vertrag nach *§ 61 VwVfG* der sofortigen Vollstreckung unterworfen hat.

» Als was handelt der Unternehmer, wenn er im Auftrag der Behörde das KFZ abschleppt?

Der Abschleppunternehmer wird als sogenannter Verwaltungshelfer hoheitlich tätig. Verwaltungshelfer sind schlicht „das Werkzeug der Behörde“ und handeln ausschließlich nach deren Weisung. Das Handeln des Abschleppunternehmers als Verwaltungshelfer wird der Behörde zugerechnet.

» Was ist demgegenüber ein „Beliehener“?

Der Beliehene führt zwar ebenfalls hoheitliche Tätigkeiten aus; er macht dies aber selbständig in eigenem Namen und in eigener Verantwortung. Beispiele sind der TÜV und der Amtsarzt.

Die hoheitlichen Befugnisse erhalten Beliehene aufgrund eines Gesetzes oder einer auf gesetzlicher Grundlage erlassenen Rechtsverordnung.

Auszüge aus den Prüfungsprotokollen

» Im Folgenden haben wir einen Blick in das VwVG NRW geworfen und allgemein die Voraussetzungen der Verwaltungsvollstreckung erläutert. Tipp: Herr XXX legt großen Wert auf einen sauberen Aufbau und eine saubere Subsumtion. Also vor der Prüfung noch einmal den Aufbau der verschiedenen Vollstreckungsarten anschauen.

» Nach einem Unfall steht ein beteiligtes Fahrzeug mit einem Totalschaden auf dem Standstreifen, die Halterin war im Krankenhaus. Wir sollten nun prüfen, ob und wie die Abschleppkosten von ihr geltend gemacht werden konnten. Wir diskutierten das gestreckte und gekürzte Vollstreckungsverfahren sowie die unmittelbare Ausführung mit allen Voraussetzungen durch und grenzten diese voneinander ab. Auch die Ersatzvornahme wurde durchgeprüft. Im vorliegenden Fall musste das gekürzte Verfahren von einer unmittelbaren Ausführung abgegrenzt werden, da kein Grundverwaltungsakt vorlag. Wir besprachen kurz, wann ein solcher vorliegen könnte und wie die Bekanntgabe stattfinden könnte (Verkehrsschilder, Allgemeinverfügung, besondere Bekanntgabe nach StVO, Verbot Fahrzeug abzustellen, Pflicht verbotswidrig geparktes Fahrzeug wegzufahren). Im Ergebnis bejahten wir eine unmittelbare Ausführung, während Frau XXX wohl eher das gekürzte Verfahren bevorzugte, was jedoch nichts ausmachte.

» Das Auto unseres Mandanten wurde von einem von der Polizei beauftragten Abschleppdienst abgeschleppt. Der Mandant soll die Kosten für die Abschleppmaßnahme bezahlen und möchte gegen den ergangenen Kostenbescheid vorgehen.

Zunächst galt es die Vollstreckungshandlung rechtlich einzuordnen. Es wurde als erstes abgegrenzt zwischen Ersatzvornahme,

§ 10 VwVG, und unmittelbarem Zwang, § 12 VwVG. Wir entschieden uns aufgrund der Vollstreckungshandlung durch einen Abschleppunternehmer als Dritten für die Ersatzvornahme. Sodann wurde die Ersatzvornahme abgegrenzt zur unmittelbaren Ausführung, § 15 ASOG. Nach der sog. Willensbruchstheorie entschieden wir uns wiederum für die Ersatzvornahme, weil der Abschleppvorgang wohl gegen den Willen unseres Mandanten erfolgte. Dieser hätte das Auto lieber selbst weggefahren.

» Es folgten Fragen zu weiteren möglichen Zwangsmitteln (Ersatzvornahme, unmittelbarer Zwang) und deren Voraussetzungen. Hier war zu nennen, dass vorher eine Androhung erfolgen muss und eine Ersatzvornahme nur bei nicht höchstpersönlichen Handlungen vorgenommen werden kann.

☆★★★★

Öffentliches Recht

Thema

Materielles Recht: Grundzüge des Versammlungsrechts

Bemerkungen

Das Versammlungsrecht hat sowohl in der schriftlichen wie auch in der mündlichen Prüfung eine besondere Examensrelvanz. Auch bei der Durchsicht der bei uns eingereichten Protokolle konnten wir eindeutig feststellen, dass das Versammlungsrecht überdurchschnittlich häufig zum Gegenstand der Ö-Rechts-Prüfungen gemacht wird. Und solange die Demos von Pegida, HoGeSa, AfD usw. sowie die nahezu immer zeitgleich stattfindenden Gegendemos im Blickpunkt des öffentlichen Interesses bleiben, wird sich an der besonderen Prüfungsrelevanz des Versammlungsrechts auch zukünftig sicherlich nichts ändern.

Im Folgenden möchten wir daher zum einen die Grundzüge des Versammlungsrechts darstellen und zum anderen spezielle praktisch relevante Probleme aufzeigen, auf die wir bei Durchsicht der Protokolle gestoßen sind.

Versammlungsbegriff

Unter einer Versammlung versteht man die Zusammenkunft mehrerer Menschen zur Verfolgung eines gemeinsamen Zweckes, wobei es um die kollektive Meinungsbildung und -äußerung in öffentlichen Angelegenheiten gehen muss (sogenannter „enger Versammlungsbegriff").

Formen der Versammlung

(1) Öffentlich vs. nichtöffentlich

Eine Versammlung ist öffentlich, wenn die Teilnahme jedermann offen steht. Unerheblich ist dabei der Umstand, ob der Zugang nur mit Eintrittskarte oder Eintrittsgeld möglich ist; es ist allein entscheidend, dass die Versammlung einen nicht abgegrenzten Personenkreis umfasst.

Die Maßnahmen des VersG setzen voraus, dass es sich um eine öffentliche Versammlung handelt. Auf nichtöffentliche Versammlungen findet das VersG nicht (auch nicht analog) Anwendung!

Ergänzender Hinweis:

Bei nichtöffentlichen Versammlungen kann mangels Anwendbarkeit des VersG auf die allgemeinen Befugnisse des Polizei- und Ordnungsrechts zurückgegriffen werden. Dabei sind aber die Befugnisse verfassungskonform auszulegen, da es nicht sein kann, dass man die weniger gefährlichen nichtöffentlichen Versammlungen einfacher über das POR einschränken kann als eine öffentliche Versammlung über das VersG!

(2) Unter freiem Himmel vs. in geschlossenen Räumen

Versammlungen „unter freiem Himmel" werden von Versammlungen „in geschlossenen Räumen" durch das Kriterium abgegrenzt, ob diese seitlich nicht begrenzt ist oder ob diese seitlich vor dem ungehinderten Zugang weiterer Personen geschützt ist. Rechtlich relevant ist die Differenzierung, da nach *Art. 8 Abs. 2 GG* nur Versammlungen unter freiem Himmel dem Gesetzesvorbehalt unterliegen.

Genehmigungs- und Anmeldepflicht einer Versammlung

Art. 8 Abs. 1 GG gewährt jedem das Recht, sich ohne Erlaubnis versammeln zu dürfen. Es bedarf also keiner (straßen-)rechtlichen Genehmigung durch eine Behörde. Die Versammlung auf einem öffentlichen Platz ist folglich keine Sondernutzung des im Allgemeingebrauch stehenden Platzes, sondern unterfällt dem Gemeingebrauch der Straße.

Für Versammlungen unter freiem Himmel gilt aber zumindest nach *§ 14 Abs. 1 VersG* eine Pflicht zur Anmeldung. Dabei hat die Anmeldung mindestens 48 Stunden vor dem Beginn der Versammlung zu erfolgen.

Spezialproblem 1: Durchsuchung von Personen, die sich auf dem Weg zur Versammlung befinden

Eine Durchsuchung als sogenannte „Vorfeldmaßnahme" also einer Maßnahme, die sich nicht auf die Versammlungszeit oder den Versammlungsort bezieht, unterfällt nach herrschender Ansicht nicht dem VersG, sondern kann auf das allgemeine Polizei- und Ordnungsrecht gestützt werden.

Anreise zu einer und Abreise von einer Versammlung fallen allerdings in den Schutzbereich des *Art. 8 GG*. Dies ist bei der Ausübung von polizei- und ordnungsrechtlichen Maßnahmen zu berücksichtigen.

Spezialproblem 2: Aufnahme von Teilnehmern einer Versammlung bzw. Gegenaufnahme von Polizisten durch Versammlungsteilnehmer

Unter welchen Voraussetzungen die Polizei Bildaufnahmen von einer Veranstaltung machen darf, regeln die *§§ 19a, 12a VersG*. Danach darf die Polizei Bild- und Tonaufnahmen von Teilnehmern bei oder im Zusammenhang mit öffentlichen Versammlungen nur anfertigen, wenn tatsächliche Anhaltspunkte die Annahme rechtfertigen, dass von ihnen erhebliche Gefahren für die öffentliche Sicherheit oder Ordnung ausgehen.

Gerne gefragt wird in der mündlichen Prüfung, ob denn auch die Versammlungsteilnehmer ihrerseits Bildaufnahmen von den filmenden Polizisten machen dürfen. In einem Urteil vom 24. 07. 2015 hat das Bundesverfassungsgericht festgestellt, dass dies zulässig ist. Eine Identitätskontrolle der filmenden Versammlungsbesucher ist nicht rechtmäßig, da das Filmen als solches keine konkrete Gefahr für ein polizeiliches Schutzgut bedeute.

Weitere Fragen im Zusammenhang mit dem Versammlungsrecht

Wird in der mündlichen Prüfung ein versammlungsrechtlicher Fall gestellt, werden den Referendaren auch folgende Fragen häufig von Prüfern gestellt:

» *Was sind die maßgeblichen Rechtsgrundlagen des Versammlungsrechts?*

Verfassungsrechtlich verankert ist das Versammlungsrecht in *Art. 8 GG*.

Bis zur Föderalismusreform unterlag das Versammlungsrecht der konkurrierenden Gesetzgebung. Maßgeblich war daher allein das Versammlungsgesetz des Bundes (im Folgenden: VersG). Seit 2006 fällt das Versammlungsrecht in die Regelungskompetenz der Länder. Inzwischen haben einige Länder von dieser Kompetenz Gebrauch gemacht und Landes-Versammlungsgesetze erlassen (ua Bayern, Niedersachsen, Sachsen, Sachsen-Anhalt). In den übrigen Ländern gilt das VersG des Bundes gemäß *Art. 125a Abs. 1 S. 1 GG* fort und ist somit weiterhin maßgebliche Rechtsquelle.

» *Zu welchem Rechtsgebiet gehört das Versammlungsrecht thematisch und wie ist das Verhältnis zwischen diesen Rechtsgebieten?*

Das Versammlungsrecht ist thematisch dem Polizei- und Ordnungsrecht zuzuordnen.

Im Verhältnis zueinander sperren die spezialgesetzlichen Ermächtigungsgrundlagen des VersG den Rückgriff auf Rechtsgrundlagen aus dem allgemeinen Polizei- und Ordnungsrecht. Voraussetzung für die Sperrwirkung ist aber zum einen die tatsächliche Eröffnung des Anwendungsbereichs des VersG; zum anderen gilt die Sperrwirkung nur für versammlungsbezogene Maßnahmen.

» Was versteht man unter einem „Aufzug" im Sinne des VersG?

Der Begriff des „Aufzugs" hat im Vergleich zum allgemeinen Versammlungsbegriff keine eigenständige Bedeutung. Ein Aufzug ist vielmehr eine sich fortbewegende Versammlung.

» Ist das Aufstellen eines Informationsstandes einer ortsansässigen Gruppe oder Partei eine Versammlung?

Nein. Ziel eines Informationsstandes ist nicht die Meinungsbildung und –äußerung der Gruppe, die den Stand aufstellt. Sondern hier geht es vielmehr darum, als Gruppe die vorbei gehenden Passanten auf das Angebot und die Informationen aufmerksam zu machen.

» Ist zwingend jede Veranstaltung vorab anzumelden?

Nein. Zunächst einmal betrifft die Anmeldepflicht des *§ 14 Abs. 1 VersG* nur öffentliche Versammlungen unter freiem Himmel.

Zudem gilt die Anmeldepflicht nicht für Spontandemonstrationen. Und auch Eilversammlungen, die zwar – anders als Spontandemonstrationen – geplant sind, müssen nicht zwingend angemeldet werden, wenn die Einhaltung der Frist des *§ 14 VersG* den Zweck der Versammlung gefährden würde.

» Welche Maßnahmen sieht das VersG vor?

Nach *§ 15 VersG* können Versammlungen unter freiem Himmel mit Auflagen versehen werden. Denkbar sind Auflagen hinsichtlich der Route der Versammlung oder hinsichtlich der Dauer der Kundgebung.

Sofern eine unmittelbare Gefahr für die öffentliche Sicherheit und Ordnung vorliegt, ist es im Vorfeld auch möglich, eine Versammlung unter freiem Himmel zu verbieten. Nach Beginn einer Versammlung ist unter denselben Voraussetzungen eine Auflösung möglich.

» Wie sind die Begriffe „öffentliche Sicherheit" und „öffentliche Ordnung" definiert?

Die öffentliche Sicherheit umfasst den Schutz des Staates, seiner Einrichtungen und Veranstaltungen, den Schutz privater Rechte und Rechtsgüter sowie den Schutz der Rechtsordnung.

Die öffentliche Ordnung umfasst die Gesamtheit der im Rahmen der verfassungsmäßigen Ordnung liegenden ungeschriebenen

Regelungen, deren Einhaltung nach der jeweils herrschenden Anschauung für ein friedliches Zusammenleben unerlässlich ist.

» Welche Gefahrbegriffe kennt das Polizei- und Ordnungsrecht?

Konkrete Gefahr: Eine konkrete Gefahr ist gegeben, wenn es aus Sicht eines objektiven Betrachters bei ungehindertem Geschehensablauf in naher Zukunft mit hinreichender Wahrscheinlichkeit zu einem Schaden für die öffentliche Sicherheit und Ordnung kommt.

Unmittelbare Gefahr: Eine unmittelbare Gefährdung im Sinne des VersG fordert eine besondere zeitliche Nähe der Gefahrverwirklichung sowie eine gesteigerte Wahrscheinlichkeit des Gefahreneintritts.

Anscheinsgefahr: Eine Anscheinsgefahr liegt vor, wenn zwar im Entscheidungszeitpunkt konkrete Anhaltspunkte für das Vorliegen einer Gefahr gegeben waren, sich aber im ex-post herausstellt, dass tatsächlich keine Gefahr vorlag.

Schein-/Putativgefahr: Eine Schein- oder Putativgefahr ist eigentlich keine Gefahr, da der Entscheider zwar subjektiv von einer Gefahr ausging, seine Einschätzung aber objektiv nicht plausibel war.

Ergänzender Hinweis:

Eine polizeiliche Maßnahme ist bei Vorliegen einer Anscheinsgefahr rechtmäßig, bei Vorliegen einer Schein- oder Putativgefahr dagegen unrechtmäßig.

Gefahrenverdacht: Ein Gefahrenverdacht ist gegeben, wenn die Behörde zwar über Indizien für das Vorliegen einer Gefahr verfügt, diese Indizien aber eine plausible Prognose noch nicht zulassen.

» Kann auch ein Veranstalter als Nichtstörer Adressat einer Auflage oder Auflösung sein?

Dies ist nur unter den strengen Voraussetzungen des polizeilichen Notstandes möglich. Der polizeiliche Notstand setzt voraus, dass die Gefahr nicht auf andere Weise abgewehrt werden kann und die Verwaltungsbehörde nicht die Mittel hat, die bedrohten Rechtsgüter wirksam zu schützen.

Ergänzender Hinweis:

Ein Beispiel für die Inanspruchnahme eines Veranstalters als Nichtstörer ist das Verbot der Pegida-Demonstration im Januar 2015 in Dresden, nachdem gegen den Veranstalter Lutz Bachmann laut Innenministerium ernstzunehmende Morddrohungen eingegangen waren.

Auszüge aus den Prüfungsprotokollen

» Herr XXX wollte zunächst etwas zum Vorrang des Versammlungsrechts vor dem allgemeinen POR hören – Stichwort „Polizeifestigkeit des Versammlungsrechts" – und ob es davon Ausnahmen gibt. Auf den konkreten Fall bezogen wollte er erst geprüft haben, ob vorliegend überhaupt das Versammlungsrecht anzuwenden ist („Was ist eine Versammlung"). Er bildete Beispiele und ließ die Kandidaten erörtern, ob in diesen Fällen auch eine Versammlung vorläge (zB Versammlung bei 2 Personen; Versammlung ohne Aussagen der Teilnehmer; Versammlung bei ausschließlichem Verteilen von Materialien). Das Ergebnis ließ er dabei offen, er wollte eher hören, wie die Kandidaten sich dazu äußern.

Im Folgenden wurden dann noch die verschiedenen Möglichkeiten aus dem Versammlungsrecht erörtert, gegen eine Versammlung vorzugehen. Sofern das VersR nicht einschlägig ist, sollte die Rechtsgrundlage genannt werden, worauf sich dann die Maßnahme der Behörde stützen könnte.

» Es ging darum, ob die Maßnahme als Vorfeldmaßnahme bereits dem NVersG unterfällt und deswegen das Versammlungsrecht Sperrwirkung gegenüber dem NdsSOG entfaltet. Dies lehnten wir im Ergebnis ab. Vorfeldmaßnahmen sind insbesondere solche bei der Anreise zur Versammlung wie Durchsuchungen, die schon dem Schutzbereich des Art. 8 GG unterfallen.

» Dann ging es eine Zeit lang um die Gesetzgebungskompetenz im Versammlungsrecht. Diese liegt seit der Föderalismusreform bei den Ländern. Herr XXX wollte wissen, die wievielte Föderalismusreform diejenige aus dem Jahr 2006 denn gewesen sei (offenbar gab es bislang 2, wie Herr XXX am Ende auflöste), welche Länder denn mittlerweile von der Kompetenz Gebrauch gemacht hätten (ich wusste nur Berlin, K3 kam auf Bayern).

☆☆★★★

Öffentliches Recht

Thema

Prüfungsgespräch mit weiteren Fragen aus dem Öffentlichen Recht

Bemerkungen

Wie schon nach den Standardfragen aus dem Zivil- und Strafrecht möchten wir im Folgenden im Stile eines Prüfungsgesprächs noch auf weitere Themen eingehen, auf die wir im Rahmen unserer Auswertung der Protokolle ebenfalls gestoßen sind. Auch mit diesen Fragen und Themen sollte man sich zur bestmöglichen Vorbereitung auf die mündliche Prüfung sorgfältig beschäftigen.

» *Fall 1: Ihr Referendarkollege K hat es leider nicht in die mündliche Prüfung geschafft und ist endgültig durch das 2. Examen gefallen. Da er nun trotzdem schnell Geld verdienen möchte, überlegt er sich, eine Frittenbude auf dem berühmten Stoppelmarkt* zu betreiben. Sein Antrag auf Zulassung wird jedoch sechs Wochen vor Be-*

* Der Stoppelmarkt in Vechta ist das größte Volksfest in Nordwestdeutschland mit jährlich ca. 800.000 Besuchern.

ginn des Volksfestes von der Stadt abgelehnt. Welche rechtlichen Möglichkeiten hat der K nun?

Er kann Klage gegen die ablehnende Entscheidung der Stadt einreichen. Da der Stoppelmarkt bereits in 6 Wochen stattfindet und auch der Aufbau des Standes Zeit benötigt, ist auch ein Vorgehen im vorläufig. Rechtsschutzverfahren möglich und ratsam.

» *Welche Form des vorläufigen Rechtsschutzes ist denn im konkreten Fall statthaft?*

Grundsätzlich ist ein Antrag nach *§ 123 VwGO* statthafte Antragsart, wenn nicht ein Fall der *§§ 80 f. VwGO* gegeben ist. Dies wiederum richtet sich nach der statthaften Klageart im Hauptsacheverfahren.

Auch wenn es bei der Ablehnung der Stadt Vechta um einen den K belastenden VA handelt, richtet sich sein Begehren auf Zulassung zum Stoppelmarkt, also um den Erlass eines begünstigenden VA. In der Hauptsache ist demnach die Verpflichtungsklage statthafte Klageart, sodass im vorläufigen Rechtsschutzverfahren ein Antrag nach *§ 123 VwGO* zu stellen ist.

Ergänzender Hinweis:

Die Verpflichtungsklage nach einer entsprechenden Ablehnung des Begehrens bezeichnet man als „Versagungsgegenklage".

» *Gehen Sie davon aus, dass alle Standplätze auf dem Stoppelmarkt bereits an andere Schausteller und Gewerbetreibende vergeben worden sind. Ist es dann wirklich zielführend für den K, in der Hauptsache eine Verpflichtungsklage zu erheben?*

Wenn bereits alle Standplätze an Dritte vergeben worden sind, ist daran zu denken, dass der K zusätzlich eine Anfechtungsklage gegen die Zulassung eines bestimmten Konkurrenten erheben müsste, damit erst ein Platz frei wird, auf dessen Zuteilung er dann mittels Verpflichtungsklage klagen würde. Die Notwendigkeit einer solchen zusätzlichen Anfechtungsklage ist zwar umstritten, wird aber grundsätzlich nur dann verlangt, wenn dem abgelehnten Bewerber ein konkret benannter Konkurrent bevorzugt wurde. Da es aber auf dem Stoppelmarkt eine Vielzahl an Imbissbetrieben gibt, ist es dem K nicht zuzumuten, willkürlich gegen einen bestimmten oder aber gegen alle zusätzlich Drittanfechtungsklage zu erheben; vielmehr ist eine isolierte Verpflichtungsklage statthaft.

Ergänzender Hinweis:

Für das entscheidende Gericht wäre es letztlich unerheblich, ob überhaupt noch eine Standfläche frei ist oder bereits alle Plätze vergeben sind. Die Stadt müsste einem stattgebenden Urteil / Beschluss ggf. dadurch nachkommen, dass sie eine Zulassung eines anderen Bewerbers zurücknimmt / widerruft oder den privatrechtlichen Mietvertrag kündigt.

» Richtig. In der gebotenen Kürze: Wenn aber doch bezüglich der Stände selbst mit den zugelassenen Schaustellern und Gewerbetreibenden privatrechtliche Mietverträge geschlossen werden, sind dann überhaupt die Verwaltungsgerichte zuständig?

In einem solchen Fall richtet sich der richtige Rechtsweg nach der „Zwei-Stufen-Theorie“: Nach dieser Theorie wird zwischen dem „Ob“ und dem „Wie“ der Leistung unterschieden. Immer dann, wenn zunächst eine isolierte Entscheidung über die Zulassung als solche getroffen wird („Ob“ der Zulassung zum Volksfest) und die Parteien hierüber streiten, handelt es sich um eine öffentlich-rechtliche Streitigkeit mit Zuständigkeit der Verwaltungsgerichte.

» *Zurück zum Fall: K stellt – wie von Ihnen eingangs vorgeschlagen – einen Antrag nach § 123 VwGO. Wann ist dieser begründet?*

Der Antrag ist begründet, wenn K einen Anordnungsanspruch und einen Anordnungsgrund glaubhaft macht.

» *Welche Norm könnte denn einen Anspruch des K auf Zulassung begründen?*

Mögliche Anspruchsgrundlage ist *§ 8 Abs. 2 GO NRW.*[*] Bei einem Volksfestplatz handelt es sich um eine „öffentliche Einrichtung“, zu deren Benutzung alle Einwohner der Gemeinde, aber auch Gewerbetreibende, die nicht in der Gemeinde wohnen (vgl. Absatz 3 der Norm), berechtigt sind.

---

[*] Vergleichbare Normen gibt es in der Gemeindeordnung eines jeden Bundeslandes.

Ergänzender Hinweis:

Hätte die Stadt Vechta den Stoppelmarkt als Volksfest im Sinne der §§ 60b Abs. 1, 64 ff. GewO „festgesetzt", käme als spezialgesetzliche Norm § 70 GewO als Anspruchsgrundlage in Betracht.

» *Also besteht aufgrund des eindeutigen Wortlauts der Norm nun ein Anspruch des K auf Zulassung?*

Nein. Zwar liegt nach dem Wortlaut ein „gebundener Anspruch" vor. Wenn aber ein sachlicher Grund vorliegt (wie im vorliegenden Fall Platzmangel / Erreichen der Kapazitätsgrenze), dann wandelt sich dieser kommunalrechtlicher Zulassungsanspruch in einen Anspruch auf Erlass einer ermessensfehlerfreien Entscheidung.

» *Was für mögliche Ermessensfehler kennen Sie?*

- Ermessensnichtgebrauch: Ein solcher Fall liegt vor, wenn die Behörde gar keine Ermessenserwägungen anstellt, obwohl das Gesetz der Behörde ein Ermessen einräumt
- Ermessensüberschreitung: Die Behörde wählt bei ihrer Entscheidung eine (zu hohe) Rechtsfolge, die das Gesetz gar nicht vorsieht
- Ermessensfehlgebrauch: Ein solcher Fehler liegt insbesondere vor, wenn die Behörde wesentliche Punkte für die Entscheidung nicht in die Abwägung einbezogen

und/oder die Behörde sachfremde Gesichtspunkte bei ihrer Entscheidung berücksichtigt hat.

» *Für die sachliche Beurteilung der Frage, ob eine ermessensfehlerfreie Entscheidung vorliegt, fehlen uns die Sachverhaltsangaben, sodass wir das Ergebnis offen lassen. Wie beurteilen Sie das Vorliegen eines Anordnungsgrundes? Welche Art von Anordnung begehrt der K denn überhaupt?*

Ein Anordnungsgrund ist dann gegeben, wenn die einstweilige Anordnung zur Abwendung wesentlicher Nachteile notwendig ist und ein Abwarten der Hauptsacheentscheidung unzumutbar ist. Da der Stoppelmarkt bereits in sechs Wochen stattfindet, käme eine Entscheidung in der Hauptsache zu spät; ein Anordnungsgrund ist daher zu bejahen.

Ergänzender Hinweis:

An dieser Stelle wäre ggf. das Problem der „Vorwegnahme der Hauptsache" zu erörtern, das wir bereits bei den Ausführungen zum vorläufigen Rechtsschutzverfahren aufgezeigt haben.

Der K begehrt den Erlass einer Regelungsanordnung, da durch die Entscheidung im vorläufigen Rechtsschutzverfahren sein Rechtskreis erweitert werden würde.

» *Fall 2: Nachdem es mit der Frittenbude auf dem Stoppelmarkt nicht geklappt hat, hat der K die Idee, BierBike-Touren anzubieten. Zum Verständnis: Wissen Sie was ein BierBike ist?*

Ergänzender Hinweis:

Verständnisfragen zum Sachverhalt werden von Prüfern aus Fairnessgründen oft gestellt. Und sofern Du Fragen zum Sachverhalt hast, scheue Dich nicht diese in der mündlichen Prüfung zu stellen!

Die Beschreibung eines BierBikes haben wir einer Entscheidung des Bundesverwaltungsgerichts aus dem August 2012 entnommen; ganz so detailliert muss man in einer mündlichen Prüfung natürlich nicht antworten.

BierBikes sind vierrädrige Fahrzeuge mit einer Länge von rund 5,30 m, einer Breite von etwa 2,30 m und einer Höhe von ca. 2,70 m. Das Leergewicht beträgt rund 1 000 kg. Ein solches BierBike bietet Platz für bis zu 16 Personen. Gelenkt und gebremst wird das BierBike von einem vom Betreiber gestellten Fahrer, der mit Blick in Fahrtrichtung im Frontbereich des Fahrzeugs sitzt. Das BierBike ist mit einem Bierfass mit einem Fassungsvermögen von bis zu 50 Litern, einer Zapf- sowie einer Musikanlage ausgestattet. Angetrieben wird das Gefährt durch Pedale mit Freiläufen, die von bis zu zehn der an den Längsseiten sitzenden Benutzern bedient werden.

» Nachdem das geklärt ist: Braucht der K für eine solche BierBike-Tour eine Erlaubnis?

Da die BierBikes auf der Straße fahren, richtet sich die Erforderlichkeit einer Erlaubnis nach dem Straßen- und Wegegesetz des Landes. Nach *§ 14 StrWG NRW** ist der Gemeingebrauch von öffentlichen Straßen jedermann gestattet; lediglich die darüber

* Entsprechende Normen gibt es in den Straßengesetzen aller Länder.

hinausgehende Sondernutzung öffentlicher Straßen bedarf nach *§ 18 StrWG NRW* einer Erlaubnis.

Ergänzender Hinweis:

Auf Fälle zum Straßen- und Wegerecht sind wir bei Durchsicht der Protokolle überdurchschnittlich häufig gestoßen. Die Grundzüge des Straßen- und Wegerechts muss man – ohne lange zu überlegen – wiedergeben können!

» Bevor wir zur Nutzungsart kommen, interessiert mich aber zunächst, wann überhaupt eine „öffentliche Straße" im Sinne des Gesetzes gegeben ist.

Laut Legaldefinition des StrWG NRW sind öffentliche Straßen diejenigen Straßen, Wege und Plätze, die dem öffentlichen Verkehr gewidmet sind. Die zwingend notwendige Widmung ist ein dinglicher Verwaltungsakt in Gestalt einer Allgemeinverfügung (*§ 35 S. 2 VwVfG*). Inhalt der Verfügung ist, dass die Straße, der Weg oder der Platz die Eigenschaft einer öffentlichen Straße erhält und somit der öffentlich-rechtlichen Nutzungsordnung unterstellt wird.

» Richtig. Und wie unterscheiden sich nun die von Ihnen genannten Begriffe des Gemeingebrauchs und der Sondernutzung einer öffentlichen Straße voneinander?

Unter Gemeingebrauch versteht man die Nutzung der Straße zum Verkehr, also zum Überwinden von Entfernungen. Eine

Sondernutzung liegt dagegen dann vor, wenn die Straße über den Gemeingebrauch hinaus genutzt wird.

» Und wie liegt es nun Ihrer Ansicht nach bei dem geschilderten Fall – braucht der K eine Erlaubnis für seine BierBike-Touren?

Eine Sondernutzung liegt vor, wenn die öffentliche Straße durch ein Fortbewegungsmittel ausschließlich oder überwiegend zu anderen Zwecken als zur Fortbewegung in Anspruch genommen wird. Denn derartige Vorgänge fallen bereits aus der Widmung zum Verkehr und damit aus dem einschlägigen Gemeingebrauch heraus, da sie nicht "zum Verkehr" geschehen.

Beim BierBike besteht der Hauptzweck darin, Partys, Feiern oder ähnliche Veranstaltungen auf der Straße durchzuführen und nicht in einer Ortsveränderung zum Personentransport. Die Verkehrsteilnahme wird jedenfalls durch den mit der Nutzung verfolgten Hauptzweck so sehr zurück gedrängt, dass nicht mehr von einer Nutzung zum Verkehr gesprochen werden kann.

Da es sich beim BierBike also vielmehr um eine rollende Veranstaltungsfläche handelt (es ist eine „mit Rädern versehene Theke“), unterfällt die von K geplante Tour nicht mehr dem Gemeingebrauch. Er benötigt daher eine Sondernutzungserlaubnis.

» So sehen es auch die meisten Verwaltungsgerichte. Können Sie mir weitere Beispiele nennen, die der Sondernutzung öffentlicher Straßen, Wege und Plätze unterfallen und daher erlaubnispflichtig sind?

Weitere Fälle einer Sondernutzung sind zum Beispiel das dauerhafte Abstellen eines Werbeanhängers auf einem Parkplatz zu Werbezwecken, das Aufstellen von Werbeplakaten oder Infoständen durch politische Parteien oder die Nutzung der öffentlichen Straße für sonstige gewerbliche Zwecke.

» Ich möchte Ihr Beispiel der Wahlwerbung von Parteien aufgreifen: 6 Wochen vor der nächsten Landtagswahl möchte die X-Partei einen Infostand aufbauen und über ihr Wahlprogramm informieren; die Y-Partei möchte lediglich Flyer an vorbeilaufende Passanten verteilen. Brauchen die Parteien eine Erlaubnis?

Sofern keine Hilfsvorrichtungen wie zum Beispiel ein Infostand verwendet werden, handelt es sich bei der reinen Meinungsäußerung auf öffentlichen Straßen um Gemeingebrauch. Die Y-Partei muss also keinen Antrag auf Erteilung einer Erlaubnis nach dem Straßen- und Wegegesetz stellen.

Ergänzender Hinweis:

Wegen der grundsätzlich erlaubnisfreien Zulässigkeit von Meinungsäußerungen im öffentlichen Raum spricht man auch vom „kommunikativen Gemeingebrauch".

Da die X-Partei dagegen einen Infostand aufbauen möchte, liegt in ihrem Vorgehen eine Sondernutzung, die grundsätzlich erlaubnispflichtig ist. Es ist aber zu beachten, dass in 6 Wochen eine Landtagswahl stattfindet. Das Ermessen der für die Erteilung der Sondernutzungserlaubnis zuständigen Behörde ist aufgrund des Parteienprivilegs nach *Art. 21 GG* in jedem Fall auf null reduziert. Die X-Partei muss also zwar einen Antrag stellen, hat aber einen Anspruch auf Erteilung der Erlaubnis.

» Nachdem der K auch die Idee mit den BierBikes verwerfen musste, entschließt er sich, Wirt zu werden. Die beantragte Gaststättenerlaubnis wird ihm jedoch versagt, da er gemäß § 4 Abs. 1 GastG „unzuverlässig“ sei. Wie ist denn der Begriff der Unzuverlässigkeit definiert?

Ergänzender Hinweis:

Wie auch im Versammlungsrecht hat sich beim Gaststättenrecht nach der Föderalismusreform die Gesetzgebungskompetenz auf die Länder verlagert. Das GastG des Bundes gilt nach Art. 125a GG als Bundesrecht fort, solange es nicht durch Landesrecht ersetzt wurde.

Unzuverlässig ist, wer nach dem Gesamteindruck seines Verhaltens nicht die Gewähr dafür bietet, dass er sein Gewerbe künftig ordnungsgemäß betreibt. Aus den bereits jetzt vorhandenen tatsächlichen Umständen wird also eine Prognose auf das zukünftige Verhalten des Gewerbetreibenden erstellt.

» Was ist das Tatbestandsmerkmal der Unzuverlässigkeit in rechtlicher Hinsicht?

Beim Merkmal der Unzuverlässigkeit handelt es sich um einen sogenannten „unbestimmten Rechtsbegriff“.

» Ist ein unbestimmter Rechtsbegriff hinsichtlich Auslegung und Anwendung vom Verwaltungsgericht überprüfbar?

Grundsätzlich ist ein unbestimmter Rechtsbegriff gerichtlich voll überprüfbar. Selbst wenn die Einschätzung der Behörde bei Auslegung des konkreten Rechtsbegriffs vertretbar ist, kann das Gericht den unbestimmten Rechtsbegriff abweichend hiervon auslegen und in der Sache eine andere Entscheidung treffen.

Etwas anderes gilt nur bei unbestimmten Rechtsbegriffen mit Beurteilungsspielraum der Behörde, wenn die Behörde einen „Wissensvorsprung" hat. Ein solcher Wissensvorsprung liegt beispielsweise bei Prüfungsentscheidungen oder beamtenrechtlichen Eignungs- und Leistungsbeurteilungen vor. Hier beschränkt sich der Prüfungsumfang der Verwaltungsgerichte auf das Einhalten allgemein anerkannter Bewertungsgrundsätze sowie der einschlägigen Verfahrensvorschriften und Verfahrensgrundsätze.